借势

金枪大叔_著

北京联合出版公司
Beijing United Publishing Co.,Ltd.

图书在版编目（CIP）数据

借势 / 金枪大叔著. — 北京：北京联合出版公司，
2022.6（2022.7重印）

ISBN 978-7-5596-6213-2

Ⅰ.①借… Ⅱ.①金… Ⅲ.①广告－策划 Ⅳ.
①F713.81

中国版本图书馆CIP数据核字（2022）第084578号

借势

作　　者：金枪大叔
出 品 人：赵红仕
责任编辑：龚　将

北京联合出版公司出版
（北京市西城区德外大街83号楼9层　100088）
河北鹏润印刷有限公司印刷　新华书店经销
字数158千字　880毫米×1230毫米　1/32　印张9.75
2022年6月第1版　2022年7月第2次印刷
ISBN 978-7-5596-6213-2
定价：78.00元

借大势

成大事

自　序

关于这本书，我在定位上纠结了一段时间，最终想做一本适合新手阅读的实操书。

至于怎样做品牌标识、提炼卖点、定位等，那些技巧层面上的东西，市面上已经有很多人讲了。如果我再来一本同质化的内容，觉得没有必要，所以我会尽量实话实说，长话短说，尽量不浪费大家宝贵的时间。

这些年，我在和众多客户的沟通中发现，许多人做品牌的思维还停留在上个世纪，依然靠西方的那套传播理论在做广告。但时代在变化，广告、营销都发生了巨大改变，以前的旧方法跟现在的新媒介产生不了化学反应，所以很多人在操盘品牌时自然就会走弯路。

做品牌，其实是一个浩瀚的工程。

以前有一个重要的品牌知识是"先做对，再不同"，但现在很多品牌面临的危机是：可能做的是对的，却熬不到出头之日就做死了。

一般做品牌的常规策略，比如打价格战，渠道返点等，这些方法或许也能让品牌活得不错，但是你会每时每刻都在担惊受怕，因为主动权一直掌握在别人手里，无论你做得多大，终究还是个"游商"。

现在做品牌要懂得如何抓住人性的痛点，这个时代的广告，不仅仅要跟竞品竞争，还要跟头条、热搜、短视频等竞争消费者有限的注意力，因此品牌宣传必须想尽办法，快速吸引消费者的眼球，占领他们的心智。"语言是钉子，视觉是锤子"，品牌如果懂得如何将关键语、视觉锤，钉到大众心中，从市场中脱颖而出，才是成功的关键。

我和我的合伙人BOBO做了两个品牌：

一个是To B的"红制作"。在没有投入一分钱广告费的情况下，公司以5个人的小团队，客单价500万元以上，做成了业内人效比最高的广告营销品牌，这些年陪跑了小米、网易游戏、BOSS直聘、铂爵旅拍、Ulike脱毛仪、黑白调儿童座椅等一线客户。创作了"找工作，我要跟老板谈""高级女人用高级的""想去哪儿拍，就去哪儿拍""坏习惯一调就好""头大声音好"等脍炙人口的国民级广告语。想了解有关案例可以看"红制作"即将要出版的经典案例。

另一个是面向 To C 的抖音账号"金枪大叔"。在没有买过一分钱流量的情况下，只凭一张嘴、几句金句就塑造了一个千年一遇的"广告鬼才"金枪大叔形象，以极低的代价拥有了 300 万粉丝，成为营销网红，和红制作互为背书，源源不断地输送炮弹。

这些品牌操盘技术，也是后互联网时代制造流量、驾驭流量的技术。你拥有了它，会终身受益。

在我看来，顺势而为是雷军这样的行业大佬的谦虚，当你拥有足够资源的时候，当然可以顺势而为，但很多处于起步阶段的品牌，必须懂得借势。

顺势是被动向上，借势是主动出击。我想通过这本书告诉做品牌的人，如何借势而起，顺势而为。

借钱不如借势

借钱要还

借势不用还

CONTENTS

目 录

01 借定势

不要创造认知，要借用认知

02 借万物

不要平地抠饼，要借用万物

03 借噪声

不用在意和声，要借用噪声

04 借感性

不要追求理性，要借用感性

05 借趋势

不要相信永生，要借用周期

06 借杠杆

不要突出优点，要借用缺点

07 借对手

不要讨好铁粉，要借用黑粉

08 借智慧

不要拼尽体力，要借用脑力

09 借偏见

不要尊重共识，要借用偏见

10 借视角

不要谦卑仰视，要借用神之俯视

01

借定势

不要创造认知，要借用认知

他脑子里有什么，

你就借什么。

导语：

塑造一个人的人格需要时间，

改变一个人的想法需要金钱。

而时间和金钱恰巧是市场经济中最宝贵的东西。

一个弱小的品牌往往投入不了高昂的成本，

所以你的每一次品牌营销，

都应该在消费者心上烙下印记。

他担心什么，你就给他什么！

品牌锚点

低端的说价格。
中端的说档次。
高端的说文化。

如何快速找到一个品牌的锚点？
首先要确定价格。

如果你的品牌价格是走低端，那么很简单，在你的定位语里面加一个"省"字就可以。
如果你的品牌价格是走中端，那么你可以强调档次，或者加一个词——"专业"。
如果你的品牌价格非常贵，那么你可以突出它的文化底蕴，比如在后边加上"大师"两个字。
火锅大师、茶叶大师、拖把大师……立刻就显得高大上了。

注释:

先确定价格,是节约认知资源的好方法。做品牌就是定价格、贴标签的艺术。可以学习一下媒人,她给你做适度的包装,也尽可能帮助你扬长避短,这就是贴标签的艺术。这个合理的标签,就是和品牌相处的起点。

品牌情绪

高端品牌要带点伤感。

中端品牌要温柔。

低端品牌要快乐。

初创品牌要先愤怒。

品牌一定要有情绪。

高端品牌要带点伤感，站在道德制高点上悲天悯人。

中端品牌要带点温柔，眼神里必须是宽容，这样才能让中产阶层与生活和解。

低端品牌要带点快乐，乐呵呵的，让消费者快乐消费。

至于初创品牌，就别玩这套了，要先愤怒，愤怒才是引流的良药。

注释：

品牌不能是雕像，不能是难懂的数学公式，它一定要带情绪。品牌在某种程度上跟我们一样，是有血有肉的。高端品牌仿佛是我们星球的主宰，它早就跨越了产品本身，你跟百达翡丽、爱马仕谈实际需求，它会说你俗。那些带着吉祥话的产品，"王老吉""旺旺雪饼"……永远是超市的引流神器。而支付宝的"集五福"，有车一族的"加油用团油，不当冤大头"，更是在不断地放大快乐的情绪。1984年，一个愤怒的广告，将苹果电脑在全球打出了名声。前几年，罗永浩老师有样学样，砸冰箱，在社交媒体传播得沸沸扬扬时，第二年他就引来了投资，推出了自己做手机的计划。

品牌关系

低端品牌打造的是亲戚关系。

中端品牌打造的是朋友关系。

高端品牌打造的是上下级关系。

做品牌就是搞关系。

低端品牌打造的是亲戚关系，上来就套近乎，打感情牌，都是家里人，赚什么钱，赔本都给你。

中端品牌打造的是朋友关系，想赚朋友的钱，其实很难，不能贵，还要给面子，铺垫期特别长。

高端品牌打造的是上下级关系，消费者是下级，品牌是上级，上级说什么都对。

注释：

某购物软件的"帮我砍一刀""你别不相信，9.9 元抢 XX 还包邮"……这种引流的方法，让消费者欲罢不能。想赚朋友的钱，其实也很难，雷军做小米时就走过这样的路。2010 年，小米先做 MIUI 内测版，吸引了第一批粉丝，后来再做聊天软件、小米社区，一年半后发布了第一款"为发烧而生"的小米手机，售价 1999 元。这样的实惠定价，在当时就是为了巩固朋友关系，赚不到什么钱。就像现在很多名牌包和手表品牌，为什么你去专柜的时候永远看不到热门款？它背后有个潜台词，热门款是留给优质客户的，普通消费者要买也可以，需要加价配货。

品牌老化

品牌老化之后如何再年轻化？

第一，包装上整几幅漫画，弄几个外文符号。

第二，把广告语改得叛逆一些，放几句大狠话。

第三，找个年轻的流量小生当代言。

第四，做联名，越风马牛不相及越好。

第五，推出盲盒。

第六，多参与社交媒体，黑粉更有用。

注释：

品牌就像人，也有生命周期，品牌力老化之后，就得大刀阔斧，从头再来。有些外国日化品牌，曾经风光无限，全方位地承包了从头到脚，从大人到小孩，从男人到女人的各类清洁护理用品……

但在近几年，新国货品牌花西子、元气森林、Ulike 脱毛

仪……成为国内消费者的新宠儿。某国民运动品牌，2018
年，通过对国潮产品的探索，终于在品牌年轻化的道路上
火了一把。其限量款球鞋一度被炒到天价，被网友戏称是
鞋中茅台。

品牌末期

识别品牌老化的三个动作：

一、营销技术迭代

二、多做几个版本

三、简配做青春版

从核心技术迭代，变成核心营销技术迭代，产品弱了，但是广告变强了。

不停地换包装、换颜色、换材质，多做几个版本，争取熬到下一个天才的出现。

简配做青春版，用品牌势能蚕食竞争对手的份额，从一线城市开始降价，一直降到六线城市。

注释：

诺基亚曾经是手机霸主，在智能机出现的时候，就开始乱了阵脚，甚至传出了"诺基亚以换壳为本"的笑谈。摩托罗拉手机也是 20 世纪末的顶流，从万元级别的"掌中宝"，到酷炫的刀锋系列，在智能时代到来的时候，连续推出了数款型号。当今的笔记本电脑行业，无论微软，还是苹果阵营，随着市场的饱和，移动办公的兴起，笔记本电脑从外观设计到功能，都出现了创新乏力的现象。

燃油车也有这个趋势，某外资车企，一个十几万元的车型，做了七八种品牌，那些新名字连老用户都觉得陌生。在广大的三、四、五线城市，用"开不坏""二手保值"的概念，依然在抢占最后的市场机会。

品牌升级

当你的产品卖不动了该怎么办？
一、升级价值观
二、升级包装
三、升级代言人

升级价值观。从为使用而买，到为健康而买，最后到为造福子孙后代而买，你的段位必须比同行高。

升级包装。商标升级、店面装修升级，从拟物设计到扁平化设计，审美领先潮流 10% 刚刚好，领先多了就会死。

升级代言人。你的产品没有老，而是你的代言人老了。铁打的刚需，流水的网红，年轻人永远爱喝糖水，中年人永远爱喝白酒，老年人永远爱喝茶。和自然规律斗，品牌就会死得很惨。

注释:

打造品牌就像是玩一款战略类的游戏。创业者就像玩家，要像游戏角色一样，逐渐升级品牌的价值观，升级品牌的装备。玩家需要有一个好心态，因为游戏中的黑粉，还有糟糕的媒体环境，很容易让人心态爆炸，当一切打理得上了轨道后，就会获得品牌复利，像是开了外挂，会获得长期的成就感。

品牌文化

低端品牌贩卖的是安全感。

高端品牌贩卖的是优越感。

超高端品牌贩卖的是文化。

就像我们的国家，五千年历史，有无数的文化巨人，当你拥有了时间的维度和无数的文化名人，就成了一个巨大的超级品牌。

美国在 20 世纪中期以后，虽然经济上很强大，但是一直没有文化品牌，于是他们推出了安迪·沃霍尔等现代主义艺术家，来对抗欧洲的古典主义。

一个身价百亿的品牌站在一个文化巨人面前啥都不是，比如站在贝聿铭面前，很多品牌都将黯然失色，所以很多高端品牌，最后都用文化遗产来擦亮自己。

注释：

现在很多高端品牌都和世界级的文化遗产进行合作，借势顶级文化的"流量"。比如中国国家博物馆、故宫博物院就很受各大品牌的青睐；还有世界各大城市的博物馆，例如巴黎的奥赛博物馆，卢浮宫博物馆，伦敦的大英博物馆，佛罗伦萨的乌菲齐美术馆，已经成了各大商业品牌宣传品牌高度的新赛道。

品牌价格

价格战的三个错误：

一、把价格低当作产品力

二、把服务好当作品牌力

三、把买流量当成影响力

如果你只会打价格战，就不要创业了，赶紧悬崖勒马，今年赔得多，明年赔得更多。

是什么造就了你现在进退两难的局面？

靠运气挣的钱迟早要赔完。

你必须重新思考！学会驾驭产品力、品牌力和影响力。

在一个充满竞争的市场，想要翻盘的三个方法：

一、产品力是里子

二、品牌力是面子

三、影响力才是票子

注释：

在广东有很多服装工厂，最早都是给港资企业代工起家的，自己品牌的连锁店也开遍了全国各地。近十几年来，随着欧美快时尚的兴起，香港、广东很多服装品牌在转型的道路上，渐渐走上了低价竞争的恶性循环。曾经的"80后"小镇青年买不起的休闲服……现在早已退出了时尚江湖。电器产品最好的服务就是没有服务。消费者可以安心享受着它的品质，而不是因为它的质量，需要经常"享受售后服务"。国内很多红极一时的 APP，起初并没有太多的资金去拉拢用户，大多数的用户是靠买流量得来的，来了之后做不了转化也留不下来，企业还没有真正做起来时，公司就已经黄了。

品牌检测

你的产品为什么总是失败？
送给你一套检测产品力的工具：
一、你的产品要有社交性
二、你的产品要有知识性
三、你的产品要有娱乐性

有很多老板觉得自己的产品就是天下第一，任何批评的话他都听不进去，而创业一次又一次失败，却一直找不到原因。

你的产品是否具有社交性？没有社交性，就无法产生"裂变"。如果别人用你的产品都凑不够 9 张图来发朋友圈，把亲戚朋友收割一遍，你的生意就可以关门了。

你的产品必须有知识性，就是必须有说头。特斯拉说它的自动驾驶技术，蔚来说它的自动换电技术，小米说它的高性能配置，可口可乐说它的神秘配方……有了说头，才能锁定一群非常固定的粉丝。

你的产品是否有娱乐性。制造娱乐性是老板非常稀缺的一种能力，有很多老板看不起营销，但其实营销力就是最重要的产品力。而营销的本质就是娱乐，老百姓要吃瓜，所以你必须得有造瓜的能力。

注释：

北京的环球影城，上海的迪士尼，就是社交性的典型代表。还有 2022 年冬奥会的纪念品"冰墩墩"，通过新闻爆火后，成了全世界的社交谈资，冬奥授权厂家根本来不及生产，"一墩难求"。新疆有一个县，叫特克斯县，曾经默默无闻，后来它操作了一个"天山武林大会"，因为概念非常独特，在网络时代，引发全民关注。蜜雪冰城，一款非常普通的平价连锁茶饮品牌，2021 年以一首洗脑的"你爱我，我爱你，蜜雪冰城甜蜜蜜"红遍了全国。

品牌进化

做成一个品牌，一定要有四个进化：

一、小众的东西专业化

二、专业的东西通俗化

三、通俗的东西娱乐化

四、娱乐的东西学术化

市场上存在着各种各样的用户需求，那么自然就会有专业的品牌去推出这些产品。小众产品有着更独特的产品体验，即便它们没有出现在各大电商平台的热销榜中。

注释:

比如把专业的天体物理知识通俗化，有座不可逾越的山峰，那就是霍金，他是一个具有非凡传播天赋的人。《时间简史》《果壳中的宇宙》用通俗的语言科普了"时间有没有开端，空间有没有边界，宇宙的起源和归宿"这些非常深奥的专业问题。

品牌位置

心智品牌必须做到的"三个一工程"：
一条朋友圈
一条抖音
一条小红书

某潮牌美妆，情人节精心打造了一份节日限定礼品套装，结果大部分是被男生买回去送给了女朋友，但女朋友收到礼物后却都吵着要分手，后来这份礼品套装被笑称为"分手套装"。女生认为送这样的礼物，还不如送900元一张的爱马仕面膜呢，这样的产品她们收到后都不好意思发朋友圈。

女生的一条朋友圈、一条抖音、一条小红书是心智品牌必须做到的"三个一工程"。这个潮牌美妆到最后连情人节营销买流量的费用都没挣回来，所以说某些潮牌火了之后一定不能飘，要摆正自己的位置，做好心智品牌的工程，不然你的毛利永远只有 10%。

注释：

女性在了解护肤、美妆和时尚的过程中，想要实现深层次的讨论和分享，就需要一个跟以往的电商平台不一样的地方。广大直男不了解的小红书 APP，它实质上是一个"虚拟闺密圈"。

品牌品位

大众品牌要做的第一件事就是先活着。
品位是流量的敌人。

做大众消费品牌，以当前的阶段来说，老百姓都是先吃饱再吃好。

但是有很多老板错误地把自己的品位当成了企业的品位，当成了品牌的品位。

要知道，90% 的消费者没有上过你那么好的大学，没有接触过你那么高端的圈子。所以我们说，品位是流量的敌人，大众品牌要做的第一件事就是先活着。

注释:

前几年某手机品牌,老板觉得自己聪明且有品位,其手机却不能大卖,且屡屡被供应链拖累。市场上,水准相近的手机可能有 10 个品牌,仅仅"有品位"是不够的。很多人都觉得某发烧手机不是最好的品牌,但它第一个把粉丝、性价比、品牌、渠道、软硬件这些元素,按"互联网化"的方式整合起来,开创了国产手机的新时代。有了品牌积累之后,又成功地拓展了智能生活产品线,品牌越做越强。

02

借万物

不要平地抠饼，要借用万物

每个人都有 15 分钟成名的机会，

有可能是你红的一次机会，

也就是你终身的信任背书。

导语：

一穷二白，你矮挫穷，你毫无背景……

99% 的创业想法，都死在资源匮乏上，

那么那些白手起家的品牌是如何起家的呢？

有的靠另一半，有的靠家庭背景，

有的靠人脉资源，有的靠资历，

有的靠学历，有的靠智慧……

能靠的就靠，不能靠的就借，

世界那么大，总有一样东西你可以借。

借力打力

借力打力这种营销方式，
在生活中无处不在。

借父母的力，借另一半的力，借大公司的力，借资本
的力……

让一穷二白的你白手起家。

当你的品牌处于弱势地位的时候，最实惠、最容易的办
法就是借。

啥热门你就蹭啥，完成低成本的信任背书，而信任背书
是品牌起步最为重要的一环。

请注意心法，心态要平，脸皮要厚。注意手法，贴、靠、
要。贴上去、靠上去硬要，他们不会跟你计较。因为在
你之上的人会很宽容，而你也不要怕丢人，因为成功之
后你做什么都对。当然，记得反哺社会，你也可以让别
人来蹭你。

注释：

借热点。当你不是奥运会的品牌赞助商，你该怎么办？在东京奥运会期间，很多国产品牌非常聪明，既有参与感，又拿捏了分寸感。比如"显示准，才能射击精准""每一刻，都是伟大时刻"。借艺术。威尼斯双年展这样的国际级展览，具有很高的门槛，平行展就是它的外围展览，为很多私人机构和艺术家提供了参与机会。还有近年来的"维也纳金色大厅"，更是国内很多音乐人、演出团体去刷流量的舞台。还有一条"外国总统合影产业链"，专门吸引小商人和小老板，以"流水线"的模式，每人喜提2秒外国总统。在小城市，这是社交的重要谈资，是舍得花钱，有一定关系的象征。当你既没有钱，也没有人脉，甚至没有技能时，你可以考虑当个评论家。所以，很多人在抖音上成了"足球评论者""影评人""美食家""探店达人"。

不打水漂

广告费打水漂，是由产业链决定的。

为什么你的广告发在朋友圈被点完一圈赞就消失了？广告费也打了水漂？这是由传统的广告产业链决定的。

一、品牌方想要的是卖货、赚钱

二、广告公司想要的是创意、得奖

三、制作公司想要的是省钱

四、导演想要的是拍出一条牛×的广告片，讲一个牛×的故事，努力表现自己讲故事的技巧

然而以上这些，对销售都是没有用的，在这样一条各

自心怀鬼胎的广告产业链上，会有人对最终的效果负责吗？

广告决策靠的绝不是民主投票，而是独裁创意。

注释：

以上这些，对提升销量都是没有用的，所有人想要的方向都不一样。品牌就像是一辆车，在充满竞争的高速公路上，在座的都去抢方向盘，这车就完蛋了。广告决策靠的绝不是民主投票，谁最有能力，对这个品牌有最深的理解，就听他的。

贩卖情怀

当你的产品实在没有什么特点的时候，我给你推荐"情怀三部曲"：

一、讲前浪的故事
二、换复古的包装
三、打造垂类 IP

贩卖情怀，很简单。其实很多产品跟几十年前一模一样，但只要换个复古的包装，讲点有关情怀的故事，立刻就有了风格。

注释:

前几年的 XX 铁锅，就是蹭着美食纪录片的热度，讲遵循古法工艺的情怀故事。如今爱好喝茶的人也很多，某国家的铁壶，就是讲这类故事的专家。复杂的铸造工艺、神秘铁矿石、大师制作、家族传承十代人……很多消费者一听这样的故事，脑海里立刻就有了"好茶配好壶"的画面，马上觉得手里的紫砂壶不香了。这两年老洋房的中介们摇身一变，成为"上海豪宅自媒体"，他们通过公众号、视频号、抖音……把百年前的前浪的故事，呈现出更多的细节和人文气息，赢得了不少客户。

卖点迭代

四招打造产品的卖点：

一、人无我有

二、人有我先

三、人先我响

四、人响我反

人无我有。增加全新功能，或者把性能大幅升级，或抢先找一个流量明星做代言人。

人有我先。我可以通过优化供应链，优化制造工艺，抢先推出新品，抢先发布。

人先我响。在大家的运营速度都加快的情况下，就看谁的传播声量更大。

人响我反。大家都能想到的事，我们就要逆向思维。

注释：

你请了 100 个网红拍了两三百条短视频，在各个平台分发，效果并不显著。可能我找了一个网红，拍一条视频就能成为爆款，成为全网的热点。这几年大家都减少了出行，很多人在家里生活、学习、办公，有些制造业品牌，顺应短视频直播的需求，大力开发网红直播的各类设备，让企业越做越强。还有的传统手工艺，比如竹器，既实用，又实惠，激发大家对于田园生活的向往，通过短视频的呈现和 IP 打造，这些企业在流量时代，焕发新生。

美人经济

美人经济的三个优势：
一、让消费者放松警惕
二、卖得好的产品一定美
三、贵一点，也行

你青春的第一道防线，一定是被美人击溃的。别说你了，
项羽也是，吴三桂更是。

那么，为何大众对历史上的美人记忆深刻，而记不住历
史上的文豪、著名科学家的名字呢？

因为美人有三个绝招：

美人促使你分泌荷尔蒙和多巴胺，让你放松警惕，乖乖
就范。

美人不是意见领袖，而是潜意识领袖，她从基因上统治
了你。

美人犯错更容易获得原谅，所以她可以一错再错。

所以美人经济是市场经济的先锋队。直播带货、网红秀场、明星代言，谁沾上了美人，谁就拥有了优先权和支配权。

卖得好的产品也一定是美的产品，产品美、代言人美，才是价值观美的基础。

即使价格不太美，用户心里也会美，因为英雄难过美人关。

注释：

美人经济，是一举两得的生意，在这类产品中，不仅女性会向往、购买、分享；更有很多男人，会为心中的她购买。电影学院曾经有一道著名的考题，把"唐宋八大家"全部默写出来。这道题不知道气哭了多少文艺青年，把八位历史文豪的名字全部写出来，实在很难。沈从文的小说《边城》，故事你也许早就忘了，但是你肯定记得，里面有个美丽善良、情窦初开的少女，她叫翠翠。

顺手牵羊

被顺手牵羊，是甲方的三种福气：

一、发现周边价值

二、减少信任成本

三、提供一揽子解决方案

比如娶了媳妇，顺便把她家的家产也继承了；去杭州谈客户，顺便把苏州的客户也拿下了。

做了某公司的洗面奶业务，顺便接下了面膜业务，拔出萝卜带出泥，发现一个客户的周边价值，是效率最高的方式。

为什么呢？

第一，老朋友的钱最好挣，肥水不流外人田，钱只是换了一个口袋。

第二，两次踏入同一条河流，你知道我的高低，我知道你的深浅，试错风险降低。

第三，修车的都知道，汽车没有坏就不要去修它，它越修越坏。

注释：

做业务一定要勤奋，多几把刷子，艺不压身。勤奋跑动，会带来意想不到的机会。甲方都很忙，企业需要解决的问题很多，向你释放单一任务需求的时候，其实往往需要得到一揽子的解决方案。

暗度陈仓

广告业未来只有三条路：

一、做大不如做小

二、做小不如做精

三、划自己的船

年轻的你如何开启人生呢？

有很多人非常迷茫，广告业就是市场经济的温度计，我从客户变化的角度给大家分析一下，未来要怎么走。

最重要的，做大不如做小，做小不如做精。

15 年前有人选择进入大公司，有人开个淘宝店铺，移动互联网的激烈竞争给了电商 10 年的和平发展期，我现在的主力客户也都是淘宝天猫的大店主，年收入 10 亿到 30 亿元，他们都是通过自有资金开始大面积广告投放，资本的钱他们根本不要。另外，几个亿收入的店主太多了。

15 年前进入大公司的人，只有极少数人混到了头部，很多人 40 岁就要进入中年危机，过着上有老下有小的生活，甚至马上就要面临职业的第二种选择。表面上看大船确实风光，但是风光是船长的事，跟你没有关系，不如很早就开始划一条自己的小船，自己去当船长。市场就像海那么大，肯定能捕到鱼，捕到多少都是自己的，肯定饿不死。而且是在小市场，大巨头根本不会跟你抢饭吃，你会赢得宝贵的生存空间，这个战术不就是暗度陈仓吗？

注释：

大公司很风光，收入有一定保障，但不见得是一个终身的饭碗，近年来很多互联网大厂，裁员风波不断。很多人从岗位上走下来，年富力强，却很难迅速找到另外一条路。如果在市场中早点发现缝隙，早点做创业规划，或者到三、四、五线城乡去创业，降维打击，也许是一个机会。

传播大师

成为传播大师，只需要借助四点：

一、痛点

二、笑点

三、泪点

四、尿点

不能少了痛点，少了痛点就像失去了和观众沟通的桥梁，你和观众就成了牛郎织女。

不能少了笑点，少了笑点你就无法影响这个世界上的大多数人。笑声的传染力，要大过世界上已经存在的任何一种病毒。

不能少了泪点，少了泪点就不能带领观众进入情感喷发的高潮，让他哭的人才是他生命中最刻骨铭心的人。

不能少了尿点，少了尿点观众会感觉太顶了，受不了，过犹不及，尿点是高潮过后的贤者时间，是拿捏观众的欲擒故纵。

注释：

很多电影在一开头，马上让主角失去挚爱，让观众为他的命运痛心。金·凯瑞、周星驰、卓别林、沈腾都是笑点大师；张柏芝在电影《喜剧之王》里，在听到"我养你"后，坐着出租车，一路上哭得稀里哗啦，小人物的爱情让观众感同身受。传播最忌一个节奏，近年的漫威电影，炫酷的战斗从头打到尾，到处都是高潮，观众已经审美疲劳了。

无须广告

有一种企业是不需要打广告的，
它的名字就是广告。

这种企业非常可怕，它的软件打开率非常高，每个人每天至少都要打开一次。所以当这样的企业来找我做广告的时候，我肯定拒绝，因为它不需要做广告。某外卖企业，几万名外卖小哥遍布中华大地，每一个人都是一块广告牌，这种企业想做酒旅，就能把酒旅做到第一；想做生鲜，就能把生鲜做得很大。这种企业的市场部有用吗？有用，做做维护，别添乱就行。

注释：

那些国民资源型企业和某些互联网大厂有非常高的品牌识别度和传播到达率，就像太阳每天照常升起，充分渗透到了各类应用场景。

扎心扎钱

品牌营销的生与死。
生于拉新，死于留存。

我经常问一些老板，我们这次做广告的目的是什么？

有些老板会说，我要让我的老客户感受到温暖。

呸！品牌营销的作用就是拉新。生于拉新，死于留存。

留存的事情应该交给产品，产品打点折，给老客户一些优惠，用户就回来了，但是产品不好，用户转头就走。

营销是拉新好，还是留存好？

一些所谓的扎心广告，目的是去做老客户的情感共鸣，纯粹是浪费钱。做品牌的前提主要是扎钱，扎完钱就能扎心，扎不到钱就扎不到心。

注释：

做广告，就像一个人不能同时踏入两条河流，既要照顾老客户的心思，又要吆喝引来新客户。

一些所谓的扎心广告，导演主要是想完成自己拍故事的欲望，借助广告练习他拍电影的手艺，再加上企业的传播部门、运营部门，突然洋溢出文艺情怀，然后广告公司跟企业传递的思路是"本次的策略，我们打算去做老客户的情感共鸣"。

情绪张力

广告要传播的不是真相，是情绪。
营销力是引导情绪的能力。

经济和知识一样，是从高处流向低处，但是流量不一样，流量是从低处流向高处。以前只有知识分子才有投票权，现在每一个老百姓都有投票权，谁掌握的键盘多，谁就拥有话语权。你的营销素材被每天的热点清零，而热点之所以是热点，是因为老百姓的感性在起作用。

广告要传播的不是真相，不是真理，而是一种情绪，营销力就是一种引导情绪的能力，引导流量从低处流向高处。

注释:

广告的真相，是品牌，是价格，是产品的功能、参数、技术、特点。做广告就是引导情绪，带动消费者的潜意识的艺术。

03

借噪声

不用在意和声，要借用噪声

当你想讨所有人喜欢的时候，

就失去了风格。

导语：

心理学有个很重要的理论：

"选择性忽视"是人类的自我防御机制，

个人不可能同时注意所有呈现的刺激，

总是有选择地注意某一刺激，

而忽视同时呈现的其他多种刺激。

这也就是为何同时做广告，

只有很少部分有效的原因，

人们往往对已经熟悉的事物选择性忽视。

跑调的歌手，更容易获得注意力。

以弱胜强

小企业如何在夹缝中求生，三个体会：

一、找到自己的战场

二、在小战场上集中优势兵力

三、小胜变大胜、量变到质变

如何走出第一步，这是创业永恒的话题，也是核心战略。我们刚刚开始创业的时候，也只是成立了一家非常小的广告公司，却要面对传统 4A 广告公司这么强大的对手。那时移动互联网刚刚开始兴起（2011—2013），有大量的发布会需要视频拍摄，我们就以发布会作为突破口，集中优势兵力，在局部形成以大打小、以多打少的布局。长时间下来，当我们有了足够多的成功案例，就可以影响春晚前的贴片广告主，这样我们公司连续七届，成了春晚贴片广告的广告主合作伙伴。

在传统 4A 强大的时代，我们这样的小公司肯定是完全没有机会的。资本为了安全，也一定会以多打少、以大打小。需要做广告的公司宁可浪费也要有安全感，靠烧钱也要烧出护城河，而大型广告公司就是为了满足安全感而生的。

所以，当你的企业处于弱势，首先要找到自己的战场，其次是在这个小战场上形成以多打少、以大打小的局面。在一个很大的战场上，你想以极少的兵力来作为杠杆，想要取得战争的胜利几乎等于做梦。

注释：

《论持久战》理论，同样可以用于指导创业。当你的企业处于弱势，首先要找到自己的战场，其次在这个小战场上，形成自己的优势，并且强化它。你有了战果，量变到质变，就能跨越敌人的护城河。

无须定位

年销售 1 亿以下的品牌不需要定位。

别被定位耽误了，或许你不需要定位。

年销售 1 亿以下的品牌不需要定位，只需要定价。

品牌只分两种：实用性的品牌和不实用的品牌。

不实用的品牌价格定得高高的，因为价格高才是护城河。

让人感觉钱很卑微。不实用的品牌就是让消费者伸手摘星，不会满手淤泥。

实用性的品牌，两个字——"低价"。管理好消费者的期待值，让他感觉会花钱、很聪明就行了。

注释：

很多品牌，都被定位耽误了。一些著名品牌，长期在不同的定位中摇摆，品牌传播的力量被不断浪费。在流量时代，定位往往好比刻舟求剑，等你定清楚了，机会早就过去了。初创期的品牌，应该做好产品力，在成长中慢慢找到方向，再谈定位的问题。

客户红利

如何吃到客户的成长红利？
用投资思维来做客户，
客户成长的红利才是我们的复利。

假如每个新客户收 500 万元的费用，想赚 5000 万元就得服务好十个客户，那就累死了。

每个新客户都要磨合，磨合的过程就像落入了痛苦的深渊，因为每个新客户都要重新培训。

但是做好一个老客户就不一样了，服务好他，扶他上路就能吃到他的成长红利。

可能第一次累一点，一年收他 500 万元，5 年后他上市了，你就能收他 2500 万元了。

而这个服务策略你只需要做一次，后续的服务只不过是维护、修订。客户也很开心，因为是分期付款，降低了他们的财务压力。

这也是我们一个月能做三个客户的原因，两个老客户加上一个新客户，如果每个月都要做三个新客户，以我们公司现在几个人的规模根本不可能做到。

所以呢，一定要用投资思维来做客户，客户成长的红利才是我们的复利。

注释：

客户就是信任，客户就是成交，客户就是长期关系。老客户减少了沟通成本、信任成本。所以，把每个新客户用心服务好，让新客户得到超值服务，才是得到老客户的关键。

脱离群众

小众的两个缺点：
一、小众就是脱离群众
二、小众就是 To 有钱人

品位就是小众，小众就是脱离群众，脱离群众也赚不着钱，赚不着钱，就买不了好的东西，买不到大的房子，最后小众的人只能自动聚集到一起，互相抱团取暖。

那么小众有出路吗？小众只能 To B，To 有钱人，小众就是用技术人为地制造一个壁垒，去卖出更高的价钱。

如果你创业做的事，又小众又便宜，那你就完了。

注释:

小众意味着个性、风格。可是这类产品，只能是小批量地生产，专业化、个性化、定制化。规模上不去，也就推广不到更多的人群，世界上毕竟还是普通人多。眼里瞟着小众产品，兜里的钱还是只能买大众的东西。

居安思危

做创业公司一定要具备两种思维：
一、投资思维
二、做新客户

不做一根绳上的蚂蚱，做乙方一定要居安思危。

投资思维。你每做一个新客户都是对自己未来的投资，只有把这个新客户做好了，下一个客户才会涨价，而且现在信息发达，行业透明，好事不出门，坏事传千里，你做得不好，老板圈知道你能力不行，那他们一传十，十传百，你的公司就完了，所以说选择客户非常重要。一个新客户不但占领了你的时间，还占用了你很多精力，如果说你几个月时间投入进去，做出的案例最后没有价值，帮不到企业，那就说明你的投资失败了。

做新客户。根据现在主力推动内循环的政策，一定会诞生很多新的品牌、新的国潮，中国有很多产品都值得再做一遍，会涌现出很多赛道的尖兵。这时候不去选择做那些新客户，而去做那些超大型企业，甚至委曲求全，去答应这些超大型企业的各种苛刻条件，去做它们的供应商，不但剥夺了你的毛利，还剥夺了你的未来。

注释：

外资巨头们很多时候就是在"以资本换市场"。比如，你做某北欧家居大牌的供应商，就失去了成为家具名牌的机会；你做某国外服装的供应商，就做不成自己的设计师品牌；你与外国日化品合资，人家最后很可能把你的商标冷藏了。

初创客户

莫欺少年穷。

要不要接初创客户的生意？

我们在 2013 年接触小米的时候，小米的员工还在望京的卷石大厦里办公，走廊里挤得到处都是人，一看就不像是一家正经公司。我们被雷军的宏大愿景感染了，被黎万强对创意的信任感动了，于是团队经过短短十余天，策划拍摄了《100 个梦想的赞助商》，大放异彩，后来一直顺利承接了小米很多的传播任务。小米经过 10 年的发展，已经成了世界 500 强。我们也通过和小米的合作，认识了后来很多的著名企业家。

2015 年，我们接触 BOSS 直聘的时候，BOSS 直聘的员工在一个别墅里办公，只有几百人，看起来特别山寨。我们和 BOSS 直聘的创始人，一起推出了极具传播力的品牌口号"找工作，我要跟老板谈"，这句话，直接颠覆了招聘市场的格局。几年过去了，BOSS 直聘已经成了招聘行业的头部企业，并且成功上市。

刚刚接触铂爵旅拍的时候，铂爵旅拍也还是一家厦门本土的小公司，有人很怀疑地说，这家婚纱照店怎么能拍得起广告呢？我们在当时敏锐地发现，这是"旅拍品类"的窗口期，错过了就再也不会来。我们用"想去哪儿拍，就去哪儿拍"，讲清楚了跟传统影楼的差异化，抢占了旅拍这个差异化心智位置。几年过去了，铂爵旅拍的业务已经遍布全球。

当你有眼光和魄力，跟这些刚起步的公司合作的时候，你就一定会吃到它们的成长红利，这种成就感是与大公司合作体会不到的。

注释：

任何品牌都不是天生强大的。苹果是在车库里诞生的，美的最早是个街道企业，大疆无人机最早是在居民区里研发的……有勇气和初创品牌合作，不在乎眼前的得失，就是对未来的投资。

价值策略

把产品卖出更高价钱的三个方法：

一、制造稀缺

二、术语赋能

三、广告代言

制造稀缺，饥饿营销，即使排队你也买不着，店里空着也不让你进。

术语赋能，把低价商品说成是祖传的，把专业术语包装成科技术语。

广告代言，多找点代言，代言人的身价越高，价格空间就会越大。

注释：

饥饿营销，或许令消费者讨厌，但是确实屡试不爽。因为在稀缺面前，消费者都有强烈的渴望，即使在他的生活中并不需要。广告代言，虽然不是新鲜事，但暗示了企业的实力和资本。如果请的代言人，消费者第一时间就能识别出来，就节约了与消费者的沟通成本。

打造备胎

想事业常青，你打造备胎了吗？

做任何事一定要有备胎。

我们的职业生涯和事业曾经有过很多次危急时刻，当年乐视要花几百万把公司买断，当然还加了很多股票，我们都拒绝了。因为我们知道，一旦被绑定，相当于放弃了其他的机会。

当年我们为了事业保险，除了做手机以外还做游戏客户；当游戏客户做好了以后，我们为了事业保险，还做了很多 APP 的垂类客户；后来，为了跟广告业的风险对冲，又打造了自媒体账号——金枪大叔。

在这个千变万化的时代，好处也不可能让你一个人都占到，有了备胎，我们的创意更加大胆，更加不在意一城一池的得失，风口一转，备胎随时可以转正。

注释：

广告业高度依赖全社会的经济发展，高度依赖客户的经营状况。如果客户的行业出问题了，或者面临疫情这样不可控的情况，我们作为下游产业，就会遭到巨大的影响。安全感不是别人给你的，是靠自己营造的。

定金为王

不交定金肯定黄。

我曾经参加过一个买房团，交了 1 万元定金。他们服务特别好，全世界各种房源都给我推。但若是不交定金，他们可能都懒得搭理你。

我作为曾经的文艺青年，脸皮特别薄，客户要跟我聊天，我都抹不开面儿，别说定金了，首款我都不好意思提。经过买房团的经历后，我发现想要做成，必须得收定金，刚开始可以收少点，但是必须得收，后来有些客户以各种借口不想交定金，我们一概都拒绝了。

但是按我们的经验来说，不交定金的生意肯定黄，把有限的精力投入到交了定金的客户身上，他们也得到了好的服务，我们也减少了浪费，进来的客户百分之百成交，这样就形成了良性的循环。

注释:

2022 年的春节档电影《奇迹·笨小孩》就是一个"不交定金肯定黄"的例子。易烊千玺饰演的男主角，为了接到手机大厂的零件回收业务，答应了资本家的残酷条件。他的小工厂，没有交定金，创业举步维艰，数次走到了倒闭的边缘。

要有底线

创业要有底线，四种老板不能合作：

一、上来就说自己有多牛的

二、谈话用词很华丽的

三、问我们都有什么作品的

四、不打预付款就想试用的

上来就说自己有多牛的，这种人听不得别人意见，老子天下第一。

谈话用词很华丽的，这种人很自恋，预算不足还要绕弯子，总觉得自己才华大过天。

问我们都有什么作品的，说明这人对供应商不做调查，办事不严谨，下面人办事他也不信任。

不打预付款就想试用的，想想劳斯莱斯、湾流飞机，会不会给你试驾机会？

注释:

乔布斯的"现实扭曲力场"，不是证明你多么自信，而是体现在要想非常成功，你需要的是比别人更专业。专业才是扭转战局的关键。

抓回头客

抓回头客的五个方法：

一、不签长期合同

二、不给客户返点

三、多批评客户

四、做客户的老师

五、直接跟老板谈

我们每年大概要服务 30 个客户，其中 70% 是回头客。

不能签长期合同，这样每年都可以随时涨价。

不要给客户返点，给了返点就有了原罪，对话机制就不平等了。

一定要多多地批评客户，因为客户身边拍马屁的人比较多。

这个世界变化很快，很多理论都在实践中不断进化，观念一定要走在客户的前面，要去做客户的老师。

永远要直接跟老板谈。我们和很多大公司都有长期的合作，小米8年、网易6年、新氧3年、BOSS直聘6年。铁打的营盘，流水的兵，时间久了，你可能比老板更了解他的企业。

注释：

和回头客的关系，就像是建立了一段情感和信任关系。这段关系不是一味付出的感情，也不是高高在上的领导和他的下属，更不是奉承拍马的小弟和他的老大。自己要不断了解对方，洞察对方的行业，要有能力在市场变化之前，发现客户的问题和机会。客户找你，你要有能力做品牌的医生，客户的老师。

干柴烈火

很多年轻的创意人，失去了两样最宝贵的东西：

第一是愤怒

第二是贪婪

没有愤怒，就无法否定权威，要知道，很多权威创造出来的理论，在诞生时就已经过时了。没有贪婪的生物是没有任何感染力的，你仔细看看扎克伯格、马斯克的眼睛，他们的眼睛里充满了贪婪。

如果说愤怒是干柴，那么贪婪就是烈火。干柴遇烈火，还缺一股风，这股风也是创意人最宝贵的东西。

注释：

无论是"90 后"还是"00 后"，很多年轻人被消费主义和现实矛盾裹挟，缺少父辈在改革开放初期，敢打敢拼的创业精神。拥有平和的心态的，可以是淡泊名利的文艺工作者，也可以是小众艺术家，但是他们都缺少直击社会和人心的力量。

挑选客户

创始人的三个危险信号：
一、创始人当众哭了
二、创始人要卖房支持公司
三、创始人频频露脸

如果创始人出现以下三个行为，大家就要十分小心：

如果创始人当众哭了，那就说明他是个文艺青年，公司快黄了。

如果创始人要卖房支持公司发展，说明他不会算账，并且一意孤行。

如果创始人频频露脸，十分高调，那就说明这家公司缺钱了。

注释：

很多人说，投资就是投人。创始人的为人、能力、资源、情商，都是投资人特别看重的地方。有时候，看公司财报如同雾里看花，毕竟财报也有造假的可能，但是仔细看看创始人的实际行动，他最近干啥了，你就能分析得比公司财报还靠谱。

至暗时刻

至暗时刻是每个品牌最为宝贵的品牌资产。

至暗时刻，为品牌带来三个价值：

一、情感溢价

二、锻炼组织

三、优化成本

许多知名品牌都经历过至暗时刻。

马斯克的火箭炸到快破产，小米 2016 年销量滑铁卢，乔布斯被自己挖的人赶出苹果。老百姓不一定会为你的强大鼓掌，但是一定会为你的悲惨落泪，相比品牌发展得顺风顺水，老百姓更加期待逆风翻盘、王者归来的故事。

至暗时刻是每个品牌最为宝贵的品牌资产，它为品牌至少带来三个价值。

情感溢价。据调研，2021 年互联网初中毕业用户占到

60% 以上，这部分人更加感性，更加抱怨命运的不公，同为弱者，更容易产生共情心理，容易变成你的铁粉。

锻炼组织。外部矛盾强烈的时候，内部矛盾一定会被放大，这个时候你会发现组织内的软弱者、两面派，最低潮时，人性的弱点就会全部暴露，这些人可以说是后患无穷。至暗时刻就是试金石，可以将他们及早发现，及时地清理出队伍。

优化成本。每当品牌高速发展的时候，就是各项成本激增的时候，老板想管管不了，挣钱多，花钱更多，至暗时刻，步子慢了，那些冒进花钱的地方就暴露了，非生产力部门的花销，就可以一律砍掉。

所以说，每个品牌都应该找到自己的至暗时刻，如果实在没有，可以自己创造一个。

注释：

没有任何企业想遭遇自己的至暗时刻，但只要是企业，就会面临经营风险。各大房企的日子在近年无比暗淡；疫情这几年，航空业、旅游业、电影业都遭遇了至暗时刻。至暗时刻，只要能挺过去，就会涅槃重生。

04

借感性

不要追求理性，要借用感性

广告决策靠的绝不是民主投票，而是独裁创意。

导语:

预算不足,才是理性的。

预算足了,买什么都是感性的。

当消费者掏出钱包来购买的时候,

他的预算一定是足的。

这个时候,冲动战胜了理智,

感性战胜了理性。

如何取名

好名字就是钱！能让你省出几亿的广告费。

名字等于品类：铂爵旅拍、淘宝、王老吉。

名字等于卖点：白加黑、小罐茶。

名字等于优点：安尔乐、美加净。

名字等于心智：可口可乐、云南白药。

名字等于 APP：BOSS 直聘、美团。

接下来，再给大家分享三个案例。

Ulike 脱毛仪。Ulike 其实不是一个好名字，我们把这个产品的特性"蓝宝石"放进去，变成了 Ulike 蓝宝石脱毛仪，占有了"高级"这个心智。2021 年，其市场占有率从 31% 升到了 55%，打爆了整个市场。

黑白调儿童座椅。"黑白调"听起来跟儿童一点关系都没有。我们就给它赋予了一个可爱调皮的熊猫形象。借用熊孩子"坐不直爱乱动"的特点，借力打力。2021 年天猫"双十一"，该品牌在同类商品中销量第一。

唱吧 K 歌宝。我们接到这个案子后，做的第一件事就是给它改名。之前的名字叫作：唱吧小巨蛋。在传播中，必须加一句"能 K 歌的麦克风"，传播成本极高。我们决定改成"唱吧 K 歌宝"，老板纠结了一个月，最后还是改了。现在"唱吧 K 歌宝"完全占有了 K 歌宝这个品类，让竞争对手无路可走。

好名字会让你的品牌越做越省力，而坏名字会让你越做越想抽自己的耳光。

注释:

好名字是品牌的起点，它是有效传播的钥匙。有些老板给自己的品牌起名过于晦涩，会发现，每次传播起来都特别费劲，总是需要解释。品牌慢慢做起来后，还需要再改名字，整个品牌需要重新对公众建立认知，浪费就太大了。

爹味十足

为什么你写的文案总是爹味十足，火不了？

有很多广告文案看起来爹味十足，其实不是文案写得不好，而是写文案的人太老了。

像"70后""80后"的很多广告人，特别擅长运用逻辑对比、赋比兴、排比、暗喻这些文案技巧去影响消费者，在消费者面前显示自己有多聪明。这是"70后"的成长特点决定的，因为在早期的时候，我们的信息是非常匮乏的，所以那时候的许多人擅长主动学习，渴望新知识，在获取新知识时更加积极。但新一代人不一样，新一代人获取知识是被动的，新信息时代它是投喂式的。就像一个港姐说的，她从来没有主动追求过别人，都是别人来追求她。

年轻人需要的不是苦口婆心去教育他，他更多的是需要秒懂，一句话就能让他秒懂，只有让年轻人瞄准的文案，才是这个时代最省钱、最有效的文案。

注释：

新一代人获取知识，更依赖小圈子的社区文化。传统的圈子，现在叫国学；把国学变为商品，就叫作"国潮"；还有各类兴趣爱好的社区，比如二次元、网游、手办……现在的文案，与潮流文化、各类新经济结合更加紧密。有时候，一个游戏里面的暗语，几个小红书里面的分享关键词，就是能够撩动目标消费者的"通关密码"。

潜台词

你的广告语都写错了！

厉害的广告语不仅仅要对，还要用潜台词重新定义产品和用户的关系。

"找工作，我要跟老板谈"第一次在招聘行业中，把求职者放到了主动地位，拍了用户的马屁，以前某些招聘网站的广告语像是施舍，"用了XX，你可以涨薪30%"，这种口气让人很不舒服。

"找工作，我要跟老板谈"这9个字，让品牌每年的用户翻倍，该企业仅用了5年时间在纳斯达克完成上市，目前市值超过百亿美元，是其他所有招聘APP市值的总和。

还有"高级女人用高级的"。一般正确的广告语只会说"无痛脱毛，一周见效"之类的，所谓的解决痛点承诺。这类承诺在信息的海洋中是无力的、疲软的、毫无才华的，而"高级女人用高级的"背后激活了用户追求美好生活的行动力，所以这家脱毛仪公司的市场占有率从 30% 长到 55%，只用了 4 个月。

所以说广告语不是追求正确的艺术，而是挖掘潜台词的艺术。

你做得越正确，广告就越没有效果。

注释：

太多的广告语，恨不得把企业家的诉求、产品的全部卖点都堆上去，结果广告语变得特别臃肿，消费者还懒得去记。还有的广告语不知所云，讲的是老板的个人情怀，而不是消费者的潜台词。广告语写对很容易，但它只是把水温烧到了 90℃，挖掘出潜台词，才能达到最后的 100℃。

文案段位

文案水平的四个段位：
一、打铁段位
二、青铜段位
三、白银段位
四、黄金段位

最低的是打铁段位，这种文案往往人云亦云，产出素材以搬运为主，这种人很容易被人扒出来，一般情况下是颜值大于才华，粉丝来看的是脸，不是才华。

高一点的是青铜段位，来料加工，这种文案出段子隐蔽性很强，不是铁粉不容易看出来搬运，素材产出也很快，极其善于钻研，就是以变现为目的。

再高一点的是白银段位，平地抠饼，这是抖音最宝贵的财富。辛勤得像蚂蚁一样工作，创造出无数原创内容，有旺盛的生命力，这种人有精神洁癖，其实火不火不重要，最重要的是一种自我实现的成就感。

最高的是黄金段位，这种人信口开河，指鹿为马，说什么都有道理，说什么都极其具有蛊惑性，这种段子他信手拈来，早已超越了网红，其实已经不想变现，已经跳出了短视频的游戏规则，这种人历史是要给他留位置的。

注释：

短视频时代，在某种程度上成了段子手的文案大赛。做短视频的大多数人，以抄袭和套用为主。看似人人都会写字，但写出精彩文案，是需要才华的，要有对社会趋势的理解，对生活和人心的洞察，以及精练的文字表达能力。

个体宣言

为什么你写的广告语总是出不了圈?

因为你老想站在上帝视角,去代替一个群体说话,往往这样说话,说的就不是人话。当你代表一个个体去发声的时候,比如说我要赚钱,这就是一个个体的声音,但这句话却又是个群体意识,不是一个鲜明的个体意识。如果换成我要站着把钱挣了,这就是个体意识了。

所以大家不要看广告书,广告书是事后诸葛,总结的是一个群体的经验,应该去学编剧,编剧教会我们如何讲故事,如何去塑造一个有血有肉的人物,当这个人物很丰满,他讲出来的话就可信。其实我们的广告语就是故事的主人公在为自己发声,当他真实地喊出了自己内心的独白,当你的广告语写出了个体宣言的感觉,你就一定会赢。

注释:

广告语，一定是出圈的艺术。如果你的广告语只停留在本单位被员工们背诵，只是印在产品上被消费者无视，走在街上没人议论，更没人骂，那你所做的工作就白费了。

一言为定

怎样写出一句牛 × 的广告语？
只要满足两个维度：
一、封杀品类
二、熟悉又陌生

第一，什么是封杀品类？就是在你说出这句话的时候，
你的竞争对手没有办法再说了，比如"找工作，我要跟
老板谈"。

第二，这句广告语必须让人感觉既熟悉又陌生。熟悉就
是你的广告语必须是基于一个常识，基于一个普遍的洞
察。比如，找工作的时候跟老板谈很快，这就是一个基
本常识。陌生，就是这句广告语是被第一次拿到台面上
来讲，所以你觉得它很陌生。

注释：

最狠的广告语，就是彻底封杀了赛道，让别人无路可走。比如"人头马一开，好运自然来"，在葡萄酒、白兰地这个赛道里，其他品牌就没办法再讲好运、吉利了。而这是东方人最喜欢的好彩头。逼得对手只能往家族传承、贵族风范那些路线上去挤。

预算不足

预算不足的企业怎么写广告语?

一般预算不足的企业,都处于刚开始创业的阶段,所以广告语一定要写得非常朴实。

首先,要找到一个能够封杀对手的点,找到你这个行业,这个品类的潜规则。其次,否定它,因为多数人的大脑是非常简单的,就是一个二元世界,非大即小,非黑即白,喜欢用二元论来看待世界。

二元论二分法,是传播行业的绝密心法,某拼购网站把世界分成贵的和便宜的、某外卖把送餐分成快的和慢的、某招聘公司把面试分成跟老板谈和跟小兵谈……

注释:

二元论二分法，源自哲学，在品牌传播行业，也屡试不爽。

搞广告和传播，要懂哲学和心理学。

会讲故事

品牌就是讲故事。

写出一个品牌故事只需要三步：

一、卖惨

二、绝处逢生

三、大爱洒向人间

写出一个品牌故事只需要三步。

首先一定要卖惨，越惨越好。比如，我发现程序员的头发都掉光了，我也是一名程序员，拜访了无数名医，这头发就是长不出来。

其次就是绝处逢生。突然有一个老者给了他一个秘方，他通过一个化学家找到了答案。

最后一定要不惜代价地分享，将大爱洒向人间。

所有的故事都离不开这三个套路，不信你以火锅为题，按照这个套路分分钟就能写出一个品牌故事。

注释:

品牌故事，在某种程度上跟电影剧本的套路很像。开头就是一个重要事件，倒霉一点，惨一点，悲痛一点都可以，吸引观众进入情境；再就是主角的奋斗过程，遭遇至暗时刻；最后的结局一定是光明的，符合老百姓对美好生活的向往。

都是影帝

想做一个成功的商人，必须是一个影帝，能够自由驾驭各种角色。

遇到大人物，能够放低姿态；
遇到小人物，能够和蔼可亲；
遇到想用的人，恭敬谦卑；
遇到对手，笑里藏刀。

你的角色切换能力越强，你就越成功。

注释：

商人面临的压力挺多：资金上的窘迫、生产上的困境、舆论上的压力、管理上的难题、和各级部门打交道……需要打开心胸，随时驾驭各种角色，解决各种复杂问题。创业阶段，会遭遇很多困难。某位明星曾说过，当你成功以后，身边全是好人。

情商高低

做人一定要高情商吗？

预算不足才需要高情商，需要讨好别人，就像一些低端品牌天天琢磨用户的喜好，这是没有实力的体现，是一种无能的卑微。

高情商的背后是失去尊严，是用低段位无情地竞争。你看一些产品力强大的品牌，实力强大的个体，根本不会去讨好你，反而从智商上碾轧你、藐视你，你还会去购买它。

注释：

品牌的强大不是靠便宜，而是靠产品力，靠自身的实力营造出的购买欲望。

古典英雄

东西方的古典英雄人物有何区别？

第一，西方的英雄是个人主义，可以贪功，集荣辱于一身，最后一定要携得美人归。东方的英雄是集体主义，不能贪功，成功以后一定要功成身退，不退说明格局还不够。

第二，西方的英雄不能死，要死就死男二号，看中的是当下。东方的英雄可以成全别人，关键时刻可以为理想而死，看中的是墓志铭。

第三，西方英雄开疆辟土，所以高大威猛，争夺的是增量市场。而东方英雄，内敛含蓄，彰显东方智慧，争夺的是存量市场，更讲究运筹帷幄。

注释：

做企业，得看看当下和历史，得了解东方与西方。东西方的企业家，思维方式是不一样的：东方的企业家，在乎自己的形象、历史地位；西方的企业家，更在乎现状，在乎自己的利益。

以貌取人

为什么谈生意一定要面试老板？

在决定领导力的因素中，排名第一的因素其实就是长相，长得像领导才是最重要的领导力。排名第二的因素是声音，说话声音像领导，是仅次于长相的领导力。

排在后面的因素是声望、背景之类的，而真正和领导力相关的理性因素，比如推理能力、判断力、系统思维能力，都排不到前面。

举个例子，1960 年，尼克松和肯尼迪进行电视辩论，竞选美国总统，看电视的人普遍认为肯尼迪会赢，因为他长得更像领导；而听收音机的人普遍认为尼克松会赢，因为他的声音更像领导。由于看电视的选民比听收音机的多，肯尼迪最终赢得了大选。选民选择肯尼迪主要凭直觉，领导是什么样子，选民根据自己的经验形成了大致的印象，这就是人类在进化过程中优胜劣汰留下的生存本能。

记住我们的话，第一眼让你不舒服的人绝对不能合作。

注释：

某位互联网大佬，高考落榜后，年轻时曾去肯德基应聘，也曾梦想做警察，都因为外貌特征遭拒绝。人不可貌相，但在某种程度上，领导的相貌和外在，会给企业的形象加分，尤其是金融、文化、娱乐、互联网等行业。

角色渗透

创始人的角色对品牌有致命的影响。

如果创始人抠门，就会造出性价比品牌，比如雷军，总想替你省钱。

如果创始人艺术，就会做出审美感极高的品牌，比如乔布斯，因为他学过字体设计。

如果创始人是花花公子，品牌就会不走寻常路。比如维珍航空的空姐就非常性感，理查德·布兰森，曾坐热气球横跨大西洋，从地上玩到了天上，浪得要死。

如果创始人很土，品牌就很廉价，还会跟你讲大道理，因为他确实很会抓老百姓的心理。

如果创始人过于洋气，品牌必定处处被人吊打。

如果创始人过于龟毛，这品牌挺不过三年。

注释：

创始人对于企业的价值，历史上经过了无数的证明。企业家的性格稳扎稳打，他就会扎根在单一行业上，甚至只开一家店，绝不考虑加盟和连锁。

企业家作风激进，就会不停地试错。试错失败，就会成为连续创业者；试错成功，就会在不同的领域跨界。

知行合一

打造 IP 需知行合一：
你的面孔、你的语言、你的行为，必须同时指向一个特质。

不知道你们有没有发现，当你面对一个陌生人，你可以对他的职业猜得八九不离十。为什么呢？因为一个人经过了岁月的洗礼，他所做过的事会养成一张这个行业所具有的气质脸，也就是我们所说的职业脸。

你们看马斯克，在 20 年前他就特别像一个得克萨斯的红脖子，但是现在你再看，他已经具有了偶像气质。他这张脸为他的 IP 打造也付出了很多，光植发就花了二三十万美元。所以说在移动互联网领域，塑造一张脸是塑造 IP 的最短路径。

如果你长得憨厚朴实，可以去做钓鱼主播，或者站在田里去抠鳝鱼。

如果你的脸一看就是青年才俊，可以去讲你的创业经，做创业导师，做课程培训。

一定要根据自己这张脸的特点去打造 IP，所谓知行合一，就是你的面孔、你的语言、你的行为必须同时指向一个特质。

注释：

集体主义思想曾经根深蒂固，对于创业者来说，国内以前很少重视打造个人 IP。经过市场经济的洗礼，李宁、老干妈、小米、新东方……都是把品牌特质和个人形象结合的好例子。

拒绝标识

一个亿以下的生意都不需要标识。

标识是一个非常大的识别障碍，如果你没有钱做推广，
又没有钱去做品牌，要标识干吗？

当你没有钱的时候，踏踏实实地用文字就好。

记住了，你的品牌名就是标识。

注释:

当你早餐想吃一碗米粉、夜宵想去撸串的时候，脑海里，
肯定是先说出这个店的名字，而不会同时浮现出这个标识
的样子。即使是很大的品牌，你去买咖啡、买手机，你也
不会首先脑补出它的标识。

产品力是里子，品牌力是面子，影响力才是票子。

05

借趋势

不要相信永生，要借用周期

永远在脱缰的路上，

永远向野而生。

导语：

任何生命的归宿一定是死亡。

行业、品牌也是如此。

不要做银河的轨迹，

而要做时代的车轮。

看透了周期，

你就把握了命运。

从零开始

如何从零开始打造一个品牌？
一、找到自己的视觉锤
二、找到文字钉
三、预算不足，就是核心洞察

品牌一定要找到自己的视觉锤。比如我在抖音上建立的"金枪大叔"这个账号，大家看到我这个人有一头让人过目难忘的白发，这个就是视觉锤。当然，视觉锤不可能只有一个，比如我还开着乌尼莫克和法拉利，这也是视觉锤，法拉利、乌尼莫克和白头发组合起来，就形成了一个强有力的视觉锤。

一定要找到一个文字钉，我在做抖音账号的过程中，有很多文字钉。比如解气，比如秀发更出众……每个不同的阶段要有重点的词汇，这个词就是文字钉。

要有核心的洞察。核心的洞察是什么呢？所有企业家一定会遇到预算不足的问题，预算不足就是核心洞察。品牌若想要用创意弥补预算不足，那么一定要做几个营销事件。比如甩头发、秀发更出众都是我的营销事件，还有我的乌尼莫克救援，当你做好了几个营销事件以后，你会发现这个个人品牌已经成形了。

注释：

做品牌需要有步骤，但也有方法论。大部分的小企业，仔细复盘，是没有视觉锤、文字钉、营销事件的，但是这样做不大，在流量时代，很容易被执行力更强的对手淘汰。

时代风口

未来做什么生意好？
一、虚荣心生意
二、上进心生意
三、同情心生意

你准备好你的虚荣心、上进心、同情心了吗？

现在有一批新的"90 后"做电商，做短视频直播，财富积累的速度超过了上一辈人的想象。

而这些人有了钱以后，买完房、买完车就不知道该怎么花钱了，其实他们还有大量的炫耀性需求、社交性需求没有得到满足。

第一个生意叫作虚荣心生意，让这些人的虚荣心得到巨大的满足。

第二个生意是上进心生意，这些人迅速地赚到了很多钱，积累了很多财富。但是，他们也很恐慌，因为后来者太厉害了，网红的更迭速度太快了，所以他们的内心非常恐慌，时代的红利和机遇也会让有些人感觉到德不配位，那么就需要学习。于是各种学习班、训练营雨后春笋般地冒出来了。

第三个生意是同情心生意，有很多人觉得自己赚钱太快了，有种罪恶感。或者说很快地成了公众人物，需要去做一些回馈社会的行为。

在虚荣心经济、上进心经济、同情心经济爆发的前夜，有大量的创业信号，你准备好入场了吗？

注释：

虚荣心使消费升级，更多的高端住宅、豪车、名表和名校教育需求，将进入新一代财富家庭；上进心，让知识变现的赛道充满了希望；善良和同情心，让很多公益机构、公益事业需要的各类用品，得到了社会更多的关注。

内卷破局

内卷行业破局的三个方法：
一、生理共鸣
二、阶层共鸣
三、国民共鸣

最次的方法是降价，最后利润没了，品牌没了，行业也没了。降价就是个一波流。

中等的方法是加快迭代，产品微创新，包装大创新，用可怜的性价比维持用户黏性。这样用户只要稍微有点钱，抛弃你的时候，眼睛都不会眨一下。切记，如果你的毛利达不到 80%，就不要进行下一步动作，踏踏实实给渠道打工吧。

高端的绝杀技是品牌升维，从生理共鸣到阶层共鸣，再到国民共鸣，成为国民级品牌，去制造流行文化，引领舆论走向，这个时候最重要的是把握分寸感，弄过头了你就完了。

注释：

抓住消费升级的机会，抓住内循环的趋势，融合时尚与中国本土元素的"国潮"，发挥年轻人个性的各类产品，越来越受到追捧。

个体创业

未来十年个体的创业方向，可以考虑三个方面：
一、媒介碎片化
二、审美多元化
三、产品微型化

媒介碎片化。无数媒介稀释了你的注意力，你的品牌很难被集中看到，很难用单个媒体打动全国，某卖水的首富都说失去央视这个大媒体后，不知道怎么去做全国的生意。未来 10 年可能会出现很多个品牌作坊。点对点满足一小部分人的需求，一年能够有几百万元营收，饿不死做不大。

审美多元化。互联网沟通成本的无限降低，让文化无限杂交，就诞生了无数个独特的兴趣个体。你很难想象一个卖丝袜的小团队每个月都能挣二三十万元。

产品微型化。你们注意到了吗，电饭锅越做越小，炒菜锅越做越小，因为家庭单位由 5 个人变成了 3 个人，最后很可能就是 1 个人。而满足 1~2 个人的所有需求，就是产品微型化，这就是小品牌崛起的机会。

注释：

新经济＋互联网，给了未来很多想象空间。大而全的模式被"小而特"所代替。看似蛋糕变小了，其实蛋糕变多了，从商业模式，到产品的策划、研发，要跟上新的时代变化。

生命周期

什么时候做品牌最好？

在风口期做品牌最划算，可一战定江山。

内卷期做品牌费用最高，且成效不高。

长尾期做品牌，说白了就是浪费钱。

行业发展一般有三个生命周期：

第一个：风口期。这段时间谁做谁挣钱，利润高得吓人，不过好日子很快就要结束了。你们想想 20 世纪的诺基亚和 21 世纪的苹果。

第二个：内卷期。利润越高，吸引的聪明人就越多，聪明人越多，招数就越多，竞争白热化，利润就会逐年降低，就要死掉一批企业。想想美容业的竞争有多么残酷。

第三个：长尾期。聪明人都走了，战斗就结束了，创始人财富自由了，奋斗动力不足了，企业自动驾驶了，职业经理人主要的任务就是别出错，别把船开翻了，这个时候还要什么创意，要的是安全。

注释：

遇到合适的时间，优秀的商业模式才有价值。如果一个商业模式，远远不符合当时的经济发展水平和思想观念，肯定夭折。如何判断风口期，是顶尖企业家的标志，需要对行业有深刻的洞察。

年轻创业

年轻人创业有五大优势：

一、没有经验

二、没有钱

三、没有房子

四、没有学历

五、没有女朋友

没有经验就没有条条框框，中年人的经验往往是一座座监狱。

没有钱往往就会想着四两拨千斤。没有钱才会爆发出惊人的创造力。

过早地买房不是一件好事，年轻人就应该四海为家。房子固定了，你的势力范围就固定了，过早地限制了你去开疆辟土。

学历越高，包袱越重，胆子越小。事实上，创业需要的知识和书本上的知识可以说是毫不相关的。

最重要的，没有女朋友。天天要哄女朋友开心，赶回去给女朋友做饭，这样的日子基本告别了翻身的可能。

注释：

年轻才有试错的勇气，才会逼迫自己没有条件创造条件，历史上伟大的创业，都是没有资本的年轻人干出来的。

最优路线

新国货品牌，创业发家的最优路线是什么？

品牌注册在上海，出生就自带洋气属性。

市场营销放在北京，能够高度把握政策变化。

电商中心放在杭州，有取之不尽，用之不竭的美女资源。

供应链放在广州，广州有一流的师傅，一天开模，三天做出样品，五天就可以量产。

投放测试放在成都，因为成都人爱享受，买不买一试你就知道。

注释:

不同的城市，有不同的优点。中国幅员辽阔，各地城市的经济特征和人文特质千差万别。品牌的全产业链，放在一个城市容易僵化，在各个城市取长补短，容易让品牌成长更迅速。

行业内卷

你知道什么时候可以离开行业内卷吗？

行业内卷的三个征兆：

一、监管开始从严

二、投资回报率降低，服务难度加大

三、行业培训增多，这是要割最后一批韭菜的征兆

当一个行业开始内卷的时候，你就得考虑离开了，越晚越被动。

我们做了 20 年广告，完美地从 7 个消费周期的内卷里面脱身。

像白酒、药品、电信、桌面互联网、移动互联网、智能家电、手机游戏、保健品，这些广告我们从来不接，因为月满则亏，水满则溢。

三十六计，走为上计，什么时候走，你脑子里得有分寸。比如我们现在开始接新国货的广告，因为流量到顶，新国货无法找到新的增长空间，这就是我该下手的时候了。像唱吧 K 歌宝、Ulike 脱毛仪、黑白调儿童座椅，这些都是成功的案例。

注释：

没有永远不垮的行业，只有永远奋斗的人。行业是有周期的，在周期里不仅要埋头苦干，还要观察前方，发现规律，提早布局，这是成熟企业家的标志。

别想太远

如何判断你的品牌处在哪个阶段？

我给你分享创业的五个维度：

产品、名牌、品牌、信仰、文明。

第一个维度，也是最低的维度，当你的产品有了销路就叫作产品。

第二个维度，当很多人知道了你的名字就叫作名牌。

第三个维度，你的名牌有了很多粉丝，就成了品牌。

第四个维度，你的品牌变成了一种信仰，它便成了精神支撑。

第五个维度，你的品牌跨越了历史，跨越了时间，就形成了文明。

很多创业者为什么干着干着就干不下去了，就是因为他在做产品的阶段想要做品牌，在做品牌的阶段想去做文明。

饭得一口一口吃，你想跨越历史，历史它不答应。

注释：

品牌是有路线图的，品牌是严格遵循产品—名牌—品牌—信仰—文明这样的轨迹的。能做到第三个维度，企业家已经有足够的回报。做到第四维度，那几乎就站在了全球的品牌食物链的顶端。

夜间生意

疫情这两三年，夜间的生意经有三个变化：

一、主播小姐姐更多了

二、直播间卖货更火了

三、老百姓吃得更多了

出于疫情的原因，娱乐业从线下转到线上，突然就多了很多娱乐主播。很多小演员无戏可拍，投身在直播间积极变现。在直播间里唱歌跳舞的人多了，对于麦克风和美颜灯的需求也增加了很多，给娱乐主播打赏的粉丝也更多了。

随着居家办公和各种因素，上班族居家的时间增多，大家打开手机的时间也更多了，几乎所有的消费品牌，都从实体店转移到了直播间，刷到感兴趣的就买买买，直播间的卖货更火了。

很多年轻人聚集的小区，夜猫子更多了，成了"外卖夜经济"的消费领跑区。在家点消夜外卖，还有各类无人零售店的出现，让人们吃进去的食品更多了。

注释：

发展夜间经济，培育多元化夜间消费，可以拉动第三产业发展，创造更多的就业机会，增加老百姓的收入。更多的普通人面临工作的压力，发挥自己的特长，主动转行，除了娱乐主播，还诞生了很多夜间电台、夜间体育主播、各类知识主播。

没有捷径

年轻人创业有没有捷径可走？

2001 年我做广告导演的时候，都得巴结 4A 广告公司的创意总监和制片，因为广告片的流程是从 4A 广告到制作公司再到广告导演，这个流程下来，散装导演是没有机会的。

后来，我就和合伙人把广告片的三个流程全包了。
但是这个过程很冒险。毕竟我们要具备谈客户的营销能力，要有制片人的组织管理能力，要有文案的创意能力，要有美术的视觉构思能力，还要能做好导演的本职工作，做好后续的客户服务工作。

经过 10 多年的积淀，我们一家 5 个人的小公司，产值已相当于一家 400 人的 4A 广告公司的 10 倍。

这类 4A 大广告公司，至少 1/3 的人力资源是多余的，因为各种关系是不得不存在的，这是巨大的成本。

什么是捷径？自己创造体系才是捷径。

注释：

"体系"是个很可怕的名词。南美的足球运动员，普遍个人技术出色，甚至有着独到的绝招。但是他们转会到欧洲大牌俱乐部时，很多人适应不了，因为欧洲俱乐部更加强调整体，强调个人要适应体系。在其他的行业里，很多人也因此害怕，觉得面对复杂的社会，能被体系接纳就不错了。创业成功的人，都是自己创造体系的人。

社区商贩

社区小商贩需要做到三点：
一、做成社交中心
二、做成信息交换中心
三、做成服务中心

社区小商贩需要做品牌吗？

完全不需要，浪费钱！

在"社区 CBD"，只需要做好以下三点就行：

做成社交中心。留几把椅子拖住老人，尽量消耗他们的时间。老人在，孩子过来找老人就多少会消费一点。

做成信息交换中心。收集尽量多的八卦，社区关系摸得明明白白，才能跟更多的女主人同仇敌忾，增加用户黏性。

做成服务中心。让社区的每个人占点儿小便宜，多给个塑料袋，送点儿小零食，也就增加了他们复购的机会。

注释：

随着中国城市化进程，定位为"最后一公里"的社区商业前景广阔。即使在农村的集镇，也出现了很多"最后一公里"的新业态，邻里社交是中国人的天赋，要发挥家门口的场景优势，通过会员营销、私域流量，做好各类新零售、生活服务。

文艺缺陷

文艺青年有三大致命缺陷：

一、不会算账

二、高估自己的审美

三、对这个世界有很大的误解

锤子手机为什么会失败？

因为它犯了两个最重要的错误：

一是创始团队是文艺青年；二是用户也是文艺青年。

文艺青年第一大缺陷就是不会算账，对时间成本和物理成本没有概念，小生意靠情怀，大生意必须得靠算账。不信你圈一下你身边的文艺青年朋友，让他数一数家里的地板砖，他一定数不清楚。

第二大缺陷是高估了自己的审美，把自己的审美标准当作唯一的审美标准，而忽略了这个世界上审美的标准千千万，审美越差，产品的普世性越强，卖得就越好。在设计师眼里丑爆了的陆地巡洋舰，在包工头那里却卖得很好。在我们现在这个阶段，审美往往不是知识决定的，而是成本决定的。

第三大缺陷是文艺青年对这个世界有很大的误会，因为文艺青年爱表达、爱表现，喜欢输出各种文艺作品，而普通老百姓没那么多机会去表达，没那么多机会去创造舆论。那么一旦文艺青年创造了舆论，把持了舆论，就会造成文艺青年的意见很重要这样一种错觉，而实际上他啥都不是。做生意的时候一定要学会过滤文艺青年的声音。

注释：

文艺青年本身没问题，但是用文艺青年的思路做产品、做品牌，就很成问题。不论是欧洲的贵族后人，还是亚洲的矿业二代，专门做文艺青年生意的品牌，一定做不大。

餐饮诀窍

做好小餐饮的三个诀窍：

一、老板要亏得起

二、老板得亲自抓

三、主厨必须占股份

老板要亏得起。亏不起，各方面就捉襟见肘。背水一战，想靠餐饮翻身的老板铁定要出事儿。

老板得亲自抓。人心隔肚皮，谁管都不如自己管，自己不管、不勤快，迟早要出事儿。

主厨必须占股份。厨师多舀一盆油，你就少挣10元钱，厨师没有主人公意识迟早要出事儿。

注释:

小餐饮是个低成本创业的路子，尤其适合夫妻店。小餐饮一定要有好的地段、好的口味，先完成原始积累，别想太多。

06

借杠杆

不要突出优点，要借用缺点

当你逻辑严谨的时候，只能写出正确的废话。

导语：

当你和一个女生聊天的时候，第一件聊什么？

你放心，绝对不会表扬她的优点，

而是讨论她的缺点。在她的缺点上，

你们有了共同的敌人，才变成闺密，

变成朋友。当你们成为朋友时，

就一定容忍了对方的缺点。

能够被接受的缺点，

才会产生真正的购买理由。

文艺青年

文艺青年有七大优点：

一、有情怀

二、为人好

三、喜欢自由

四、喜欢浪费时间在美好的事物上

五、胆子大

六、爱创作

七、内秀

有情怀。算不好投入产出比，经常高射炮打蚊子。

为人好。喜欢以情动人，而不喜欢以理服人，借了他的钱他都不好意思催。

喜欢自由。喜欢东一榔头西一棒子。

喜欢浪费时间在美好的事物上。比如说诗和远方，经常消失很久。

胆子大。只要你说动了，他棺材本都敢押上。

爱创作。没有观众也不妨碍他的抒发，因为在他的生命中表达大于一切。

内秀。碰到了资本他会自卑，碰到艺术他也自卑。

如果一个文艺青年做你的竞争对手，那么恭喜你，你基本可以躺赢。

注释：

文艺青年喜欢谈论艺术电影、先锋艺术、戏剧，对于哲学和宇宙充满思辨，对于身边的人和事分辨不清。这种思维模式容易去做"小而美"的创业，比如餐馆、咖啡馆、买手店，却常常被残酷的社会现实打败。

信任背书

不买不行的六大信任背书：

一、出身高贵

二、财富

三、奖项、学历

四、人品

五、作品

六、大佬推荐

出身高贵。因为 99% 的人都没有。

财富。每个人心中其实都藏着一个验资证明，很遗憾 99% 的人都没有。

奖项、学历。所以博士、诺贝尔奖、行业顶级奖，都可以成就大生意。

人品。今天是明天的人品，明天就是后天的人品，99% 的人都能做到，只是无法坚持，但刘德华就可以。

作品。一部《霸王别姬》红了很久，这样的作品确实难，但余秀华的诗也是作品，芙蓉姐姐的身材也是作品，直播小姐姐的火辣舞蹈也是作品。安迪·沃霍尔说过，每个人都有 15 分钟成名的机会，有可能是你红的一次机会，也就是你终身的信任背书。

大佬推荐。这是可遇不可求的信任背书。雄厚人脉的一句话，往往就是一次业务机会的开始。

注释：

世界上有一千多个电影节，你只要交报名费，就能拿回一个世界各地的某某小电影节奖。还有德国的某设计奖，为了开拓中国市场，特地开设了"普通设计奖"，每年颁奖 1000 个，近 1/3 被中国人拿走。

创造优越感

平价品牌如何创造优越感？

一、找一个强有力的信任背书

二、让用户觉得自己很聪明

三、创造社交恐慌

找一个强有力的信任背书。科技不强，文化要强；文化不强，设计要强；设计不强，道德要强。

让用户觉得自己很聪明。搞一些小圈子，创造一些小圈子才有的新玩法，创造归属感。

创造社交恐慌。前期找人带，后期媒体盖，年轻用户最怕这个话术——"这你都不知道，你过时了！"

注释:

有时候很多新电影、新演出，是年轻人，尤其是职场人的重要聊天话题。当你对它不了解，但媒体铺天盖地又在宣传它的时候，你会开始恐慌，这也就营造了消费需求。类似的情况，还有上海迪士尼、北京环球影城，在当时开园的一两个月内，这类大型的游乐场，成了人们躲不开的话题。

占领制高点

做品牌一定要占领道德制高点。

占领了道德制高点，再去占领技术制高点，最后你就占领了财富制高点。

让天下没有难做的生意，这就是一个道德制高点。

让每个人都能享受科技的乐趣，这也是一种道德制高点。

最厉害的是为人类谋福祉，当地球毁灭了，人类可以去火星居住，这个道德制高点太高了，所以马斯克能割到拉里·佩奇的韭菜，能割到盖茨的韭菜。

注释：

蓝色起源、维珍银河和 SpaceX 等其他私人太空公司，都在出售太空旅行门票。这种制高点，其实是一种商业上的降维打击，本质上还是售卖普通人能够买得起的服务。

高级趣味

这个世界有两种赚钱的生意：

第一种，低级趣味批发商

第二种，高级趣味定制商

低级趣味批发商，卖笑的、卖惨的、卖萌的；

高级趣味定制商，卖诗和远方的、卖文化和情怀的。

这个转变，成长很漫长。

低级趣味打价格战，高级趣味打舆论战，两个生意空间都大得很，留给我们赚不完的钱，那么什么时候会增长到顶呢？

当我们的高速公路上卡车轮毂都擦得锃亮的时候；当我们的卡车司机跨过了生存，也懂得了生活的时候；当我们的街道也和纽约一样，路肩包铁的时候；这个时候增长就到顶了。

而新消费的生意从低级趣味到高级趣味转型，还有一段漫长的增长期，这个成长的烦恼，就是大家的机会。

注释：

红制作给 Ulike 脱毛仪做的广告语："高级女人用高级的"，就是把女性的地位拔高，表达了女人的自信。激活了女性的自信，也就开启了消费者的心智。2021 年"双十一"，该品牌在天猫成为脱毛仪品类冠军；在京东，Ulike 位列单品热销榜前 3 名，销量超过第 2~10 名的总和。

抬高门槛

行业门槛越高，收益越高；
行业门槛越低，越容易被人割韭菜。

提高行业门槛的方法有三种：
一、资金门槛
二、技术门槛
三、时间门槛

当一个人跟你说这个行业门槛很低，上手很快的时候，这个人 100% 想割你的韭菜。想要进入一个行业一定要看这个行业门槛高不高，门槛越高收益越大。

资金门槛。使劲砸钱，钱砸够了，护城河就修出来了，别人就没有办法复制了。

技术门槛。当你有了垄断技术，别人想要追赶你就要花很长时间。当你没有技术作为门槛的时候，你也可以用文化和审美作为壁垒来抬高竞争门槛。

时间门槛。当一个行业的利润足够低的时候，很多人就开始退出了，而你还在坚持，坚持一段时间后，你或许就是剩者为王的那一个。就像我的一个温州朋友，他是做一次性衣柜的，大家都陆续离开这个行业了，而他却一直坚持不懈地做了 20 多年，后来他们公司一次性衣柜的销量就变成了世界第一。

注释：

一个项目越没有障碍，越容易被人割韭菜。在网上经常听到一个词 "蒙眼狂奔"。意思就是很多创业项目，没有门槛，不设障碍，可以闭着眼去冲，这就是骗局。创业都是有门槛的，需要在法律的框架内，长期、勤奋和全身心地投入。

超我生意

世界上的生意只有三种：

一、低端的生意叫作本我

二、中端的生意叫作自我

三、高端的生意叫作超我

低端的生意叫作本我，做这个生意很简单，就是给予足够的生理刺激，比如把汉堡拍得大大的，非常诱人，七情六欲表现得足足的就可以了。

中端的生意叫作自我，需要一点情怀、一点审美，表现出一种圈层的优越感。

高端的生意叫作超我，就是做一种无用的生意，当品牌做到了无用这个级别，才做到了生意的极致，因为肉体随着财富自由，已经找到了归宿，而未来在哪里？人类的命运在哪里？无我就是对生命的终极追问，所以做这个生意，饼一定要画得足够大，太小了让人看不起。马斯克飞火星，这个项目对绝大多数人毫无意义，但是人们会因此相信他的科技感，所以转头买了能买得起的特斯拉。

注释：

低端的生意，是覆盖最广泛人群的生意，全世界可以开几万家店，年营收上百亿。总之，越高端越难，受众越窄，风险也越高。高端一般是指品牌象征，它的集团旗下，还是要有平价品牌，可以赚普通人的钱。

统一思想

你为什么需要做品牌?

当一个企业干到一定程度,很容易会失去初心,忘了自己为什么而奋斗,这个时候各部门都在抢地盘,每个部门都在疯狂扩张,划分自己的势力范围。每个供应商都心怀鬼胎,每一个职业经理人都捞足了换一家公司的资本。

这时候外界也布满了对这家公司的猜测和传闻。老板想动,伤筋动骨;老板不动,焦头烂额。这时候老板需要拍一则非常牛的品牌广告,对外统一形象,对内统一思想。

每个品牌在每个不同的阶段都需要不同的品牌宣言,你需要不停地告诉那些并不忠诚的追随者,你是谁?你在哪儿?你将带领他们去什么地方?

注释:

红制作给小米策划的《我们的时代》，是 2014 年小米的品牌宣言，为小米的粉丝、员工和供应商加油鼓劲，让大家更好地团结在小米的创业旗帜下。

看准风向

创业之前要想明白的三件事：

一、看风向

二、摸温度

三、拼发育

看风向。主要是政策的方向和人心的方向，这两点你无法左右。2010 年你可以讲梦想，2020 年得讲现实，到了 2030 年也许是讲公平。

摸温度。在发烧的前夜你进场很合适，抵抗力已经形成了。到了发烧的时候你再进去就必死。手机行业、智能硬件就是前车之鉴。

拼发育。尊重自然发育规律，基因好自然发育好，揠苗助长伤身体。教培行业就是被个别企业给拔伤了。钱多了、营养多了，不见得是好事。

注释:

创业，就是要同频、共振，摸到行业和时代的脉搏。"春江水暖鸭先知"，钱是在我们生活中的各个行业间不断流动的，从而产生了各个行业的兴衰波动。

建立高度

创业必须达到四个高度：

一、产品高度

二、文化高度

三、思想高度

四、声量高度

产品高度，能让你迅速脱颖而出，无限降低营销费用，不讨好消费者，消费者反而讨好你。

文化高度，能让你挣得更多，像日本的奢侈品，跟欧洲的奢侈品一比，就上不了台面，比如日本著名的几个时装品牌，在巴黎香榭丽舍大街都蜷缩在一个小角落里。

思想高度，能让你活得更久，毕竟解放思想才能解放生产力，思想能够引领行业的发展方向。

声量高度，让你传播得更快。用极致的诉求，迅速占领消费者心智，占领媒体，赢得广泛的传播和讨论。

注释：

在产品文化高度上，同样是相机品牌，德国的和日本的都很优秀，可是德国的工艺更精湛，对于光学和机械的文化研究得更透，成了摄影师的精神图腾，所以形成了一种说法：便宜的用佳能，追求格调买徕卡。

小米是研究传播声量的高手。2021 年小米换标识，请了日本著名设计师原研哉，把小米的标识从方的改成了圆的。雷军仅仅花费了 200 万元设计费，就霸占了各大社交媒体的头条和热搜，在全网造成超过 72 小时的流量黑洞，每个参与的讨论者都成了小米的推手。

让外行叫好

外行叫好你挣钱，
内行叫好你白干。

内行的叫好，是在熟悉的轨道内，符合常规的行业发展规律。但这属于圈层内的发展，无法破圈，这样的增长天花板很明显，而且还要面临行业内部的围追堵截。

把创业品牌带入新的竞争视野，不局限在你的家乡，不局限在你的行业，让更多的媒体议论你，更多的消费者知道你，让更多的不理解的人跳出来……

你破圈了，让外行叫好，让内行着急，这样才能获得最多的流量，有流量就带来了传播价值，把价值放大，才能挣到更多的钱。

注释：

内行的钱最难挣，内行即使知道了你的好，但出于利益，最容易给你使绊子。外行很容易无视你，但是通过传播，破圈，外行一旦知道了你的真本事，就会对你倾注更多的热情。

设定愿景

特斯拉的启示：

特斯拉教科书般的营销技术，让百年车企都成了小弟，我总结了它营销的五个要点，学会了大可以睥睨天下。

宏大的品牌愿景。如拯救人类、移民火星，格局立刻就大了。

完美的个人 IP。亿万富翁的 IP 很多，但这么疯狂的没有，普通的敢随便离婚吗？他离了好几次，却获得了舆论的原谅。

产品是一，营销是零。根本不需要什么饱和攻击，巨大的媒介投放，天上飞的、路上跑的、手里拿的，全是他免费的广告牌。

杰出的事件营销能力。时不时炸了火箭啊，送跑车上太空啊，这个护城河一般人哪修得起。

最重要的是拥有高净值粉丝。虽然他的汽车品牌自动驾驶和车型发布屡屡跳票，但是粉丝还是会一直追随，这就是做品牌的最高境界。

注释：

类似这样的企业，已经超过了一般企业的范畴，通过科技 + 实体，不断巩固护城河，让马斯克在科技版图上越走越宽。但这样宏伟的企业计划，让特斯拉多次陷入财务危机。如果不是中国上海的特斯拉超级工厂如期投产，特斯拉未必熬得过去。中国的广阔消费市场，如今是世界各大著名品牌的香饽饽。

无限伟大

当你的作品满足了以下三个标准，
就无限接近伟大了。

一、给高维度的人以智慧启迪，你就拓展了文明的边界。

二、让中等维度的人感觉学到了，帮他们丰富人生的宽度。

三、给低维度的人带来快乐，消耗他们的时间，帮助他们虚
度时光。

注释：

这是抖音上的一个热点话题，带来很多粉丝热烈的响应。
有人在说，这样的作品，可能是抖音 APP；也有人说，是
某款网络游戏、某部电影；还有人说，是古老的象棋。其实，
一个好的作品和传播，一定能引发人们的无限联想。

你的品牌跨越了历史，跨越了时间，就形成了文明。

07

借对手

不要讨好铁粉，要借用黑粉

创意不是正确的废话，

创意是化学反应。

导语：

有阳光的地方就有阴影，

有白的地方就有黑。

想要一个品牌足够立体，

阴影的面积要足够大，

教父的人设，蝙蝠侠的人设，都是亦黑亦白。

好人一生平安，浪子回头金不换，

好人只能写进生活，

浪子的故事才会写入历史。

创造流行

如何创造一次大范围的流行，方法有三种：

一、要足够叛逆

二、要足够丑，形成符号

三、要创造一定的门槛

要足够叛逆，反对你的人一定要足够多。人是一个非常奇怪的动物，在没有特殊利益的情况下，他一定不会表扬你，而是喜欢批评你，批评就是拒绝，拒绝就是亿万年进化下来的自我保护心理。

要足够丑，形成符号。比如 20 世纪 80 年代的蛤蟆镜、喇叭裤。要知道，好多偶像派演员也要去扮丑才能拿到影帝。

要创造一定的门槛，让绝大多数人感觉到预算不足，这也是流行真正的底层代码。

注释：

1986 年，崔健首次登台演唱《一无所有》，引来无数批评，但是音像店的磁带被抢购一空，大街小巷都在传唱。1988 年《人民日报》第七版头条刊出《从〈一无所有〉说到摇滚乐——崔健的作品为什么受欢迎》，顿时轰动海内外，使崔健被誉为"中国摇滚第一人"。迪卡普里奥演《泰坦尼克号》时毫无奖项，凭借《荒野猎人》近乎野人的形象，才第一次获得奥斯卡奖。20 世纪 80 年代，2000 元的录像机成为小康家庭的象征，赶潮流的两口子花费一年的工资购买，显得极为疯狂。

制造矛盾

在家庭矛盾里，如何寻找商业思维？
品牌如何在戏剧矛盾中，寻找创意？

你一回家就被媳妇儿骂了一通，为啥呢？她喜欢白色的电饭煲，你买的却是黑色电饭煲，这是视觉矛盾。

你妈说家里那个旧的还没坏，你为啥浪费钱买新的呀？这是经济矛盾。

你丈母娘说高压锅煮饭香，电饭锅煮的饭硬，这是品类矛盾。

你岳父又插嘴了，为啥买国外品牌，国货不香吗？这是文化矛盾。

你儿子一看，别吵了，家里还做什么饭啊，点外卖多好，这是商业模式矛盾。

你看，你的家庭群像活灵活现，通过冲突设定人物是一个很高级的技巧，学会了吗？

注释:

在家庭剧类型里，香港的《创世纪》、内地的《闯关东》都体现出了杰出的商业思维。电视剧《闯关东》，朱开山一家人，在东北种地、开饭店、开煤矿的事业升级中，家庭成员的视野、商业格局、为人……就逐渐显出了区别。家庭里不仅有温暖，也有思维模式的不同，很多商业逻辑，都源自家庭。

制造刚需

制造刚需的技术，就像青春爱情电影，核心都是
<u>贩卖遗憾。</u>
<u>一、树立对手</u>
<u>二、时间炸弹</u>
<u>三、利益承诺</u>

这个世界的刚需，都是被制造出来的。

树立对手。你最恨的人都在追求她。那你为什么还不去
追？你希望她落入他人之手吗？你不追是你的遗憾。
时间炸弹。每个人都会老，难道你要等她老了再去追她
吗？现在就开始行动吧。
利益承诺。追到她之后，你就是王位继承人，是世界上
最靓的仔。你不追就是你的遗憾。

注释:

什么叫刚需？刚需就是让你想拥有、得不到、干着急。在这个基础上，就引发了实现的愿望。

制造感动

世界上没有真正的感动,制造感动的方法有三种:

一、超越期待

二、失而复得

三、久别重逢

她想要一毛,你给她两毛,她感不感动?

他想要吃菜,你给他吃肉,他感不感动?

人类十大痛苦的顶级是失去亲人,你让他失去亲人,然后又得到亲人,这种手法可以哭倒一大片人。

久别重逢,例子你们自己想吧,当你感动的时候,你就上当了。

注释:

韩国纪录片《我遇见你》，通过最新的 VR 技术，让孩子看到父亲与已故母亲互动，这部纪录片的力量是非常强大的，失去亲人的每一个故事都令人心碎。

"世间所有的相遇，都是久别重逢"。很多老字号，在历史长河中消失几十年，如今重新出现，巴金笔下的"紫罗兰理发厅"，在武康大楼重新开业。老字号北冰洋、陕西的冰峰汽水、沈阳八王寺汽水也都重回消费者的视线。传统的广东凉茶，一年卖 2 亿元；而现在作为饮料的王老吉，一年销售额突破 200 亿元。

善待粉刺

做品牌 IP 要服务好三种粉丝：

第一种叫作粉底，忠实粉丝

第二种叫作粉饼，固定品牌形象

第三种叫作粉刺，就是黑粉

粉底就是忠实粉丝，即便你犯了错，也会无限地包容你。

粉饼，这种粉丝是固定品牌形象的，用量很大，可以让你脸色持久，可以反复使用，有长期价值。

粉刺，就是黑粉，品牌说什么都不对，说啥都不听，他就是让你的脸面难看，但正是因为有了粉刺，才让你的品牌有了热度，有了鲜明的个性。所以，品牌个性不是由粉底决定的，而是由粉刺决定的。

注释:

粉丝是多维度的，有基本盘，也有挑刺叫板的人。基本盘很难在思想上启发你。而挑刺的黑粉，会不遗余力地寻找你的漏洞，他比最优秀的市场调研部门还厉害，了解黑粉，就会补足品牌力的短板。

缺陷价值

当你想讨所有人的喜欢时，
你会发现很多人对你没感觉。

你开始做自己，你会发现，身边有一群人开始欣赏你。

比如某些日本车就是没有风格的代表，没有风格的东西，
品牌力一般都会很差。

当你有了巨大的缺陷，有很多人讨厌你，你就有了风格；
有了强烈的风格，就有了疯狂的粉丝；有了疯狂的粉丝，
你就有了消费购买力。

注释：

好好先生，它的潜台词就是朴实，在消费心理上，肯定不
是首选。谁都想买最漂亮的、性能最优越的。你永远不知道，
挑剔的女生在购物车里保存了多少秘密。

跳出逻辑

创意不是正确的废话，
创意是化学反应。

创意需要逻辑吗？

当你逻辑严谨的时候，只能写出正确的废话。

创意不是数学，不是 1+1=2，而是化学。

a 加 b 等于 c，有些人看不懂很正常，知识本来就是有门槛的。

当你创意枯竭的时候，再来想想这句话，你会找到答案。

注释:

创意首先是敢于否定自己,知识分子是舍不得否定自己的。
创意书,很多都是照搬理论,只是成功经验的总结。把各
种创意理论组合到一起,就能出一个符合品牌的好创意
吗?这样的话,写书的人就直接去服务品牌得了,那样赚
得更多。

尴尬背后

每个小尴尬的背后都有大生意，
刚需的本质就是小尴尬。

接吻时的口臭，诞生了整个洗漱行业。

陷车没带拖车钩，诞生了四驱。

回家没带钥匙，诞生了智能门锁。

买单时没带现金，诞生了电子支付。

请客没带钱，诞生了信用卡。

上厕所没带纸，诞生了智能马桶。

总觉得自己脑子不好用，诞生了培训行业。

记住了，刚需的本质就是小尴尬，这个才是卖货的关键。

注释:

人类会制造两类产品：一类是有意去制造的产品，例如原始人要做一根长矛，来捍卫领地；另一类就是无意中的产品，无意中诞生的想法，更能推动生产力的进步，推动社会发展。

主动示弱

一些无关痛痒的弱点，
反而给你的品牌人设加分。

暴露隐私，你只能引来电信诈骗。而暴露弱点，能够筛出真正支持你的人，所以一定要善于暴露弱点。

男人不一定要始终强大，男人也可以向女人撒娇。狗子向你亮出肚皮，马斯克砸破自己的车窗玻璃，名人得抑郁症，都是主动暴露弱点。这样可以让用户去忽略你真正的问题，而去注意一些无关痛痒的弱点，反而可以给你的品牌人设加分。

"哦，原来这么牛的人也会犯错呀！"

人们不会去攻击一个已经躺下的人，这样你就低成本地、巧妙地走进了用户心智。

注释:

强大的品牌，一定不能每天把自己包装得无坚不摧，适当示弱，用暴露弱点的方式，来帮助我们收获更亲密的人际关系，会让消费者更亲近。其实，这种方法，就是一种巧妙的事件营销。

你协调吗

传播的本质就是制造不协调，
你一定还记得那个同边手男孩。

上学时，那个踢正步踢得最好的少年，你肯定已经记不住是谁了，但你一定还记得那个同边手男孩。

不协调才是潮，才是少年叫板中年的资本。

等你协调了，你就中庸了、油腻了、后生不可畏了。

注释：

很多让人记住的广告，都是因为里面有个突兀的形象，或者一个奇怪的声音，牢牢抓住了你的注意力。你回头想赶快忘记它，却忘不掉。洗脑广告不能只靠一个节奏灌输，洗脑广告是刻意留白的艺术。

当你的广告语写出了个体宣言的感觉，

你就一定会赢。

08

借智慧

不要拼尽体力，要借用脑力

脑子是个好东西。

导语：

劳心者治人，劳力者治于人。

不要妄想用勤奋的体力，

逃避脑力上的懒惰。

皇上一句话，下面跑死马。

宁可一月一句金句，

不可十月无头苍蝇。

花冤枉钱

读懂品牌定位语背后的含义，就不用花冤枉钱去买定位了。

主打高端，就是把价格卖高点。

主打专业，就是竞争对手很强大，他只能做老二。

主打遥遥领先，就是想通过低价占领市场。

主打省钱，就是主攻下沉市场。

主打服务，其实就是服务不行。

主打快，就是单价低。

主打快乐，就是饮料里多加糖。

说零糖，就是里面有甜味剂。

主打能量，就是产品含有牛磺酸和咖啡因。

注释：

品牌有很多话是不好意思明着说的，就跟电影一样，主角的潜台词才是最关键的信息。

沉没成本

品牌广告和信息流广告有什么区别？
没有知名度的信息流就是打水漂。

有很多初创的 APP，刚开始要在应用商店里买流量。在 APP 市场买一个下载量，比如刚开始需要 90 元钱，而随着竞争对手的出现，价钱会越来越高，最后成本达到了 200 元钱。

那么这个时候，你再投一些品牌广告，当你的品牌知名度上来以后，消费者会对有一定知名度的东西有天然的信任。这时候你就不用买最贵的位置了，可以买第四、第五、第六的位置。第六的位置可能也就 10 元钱。

那么综合成本算下来，你投的品牌广告加流量广告，成本并不贵，而且起到了占领市场的效果。当你没有知名度，人家看见你的 APP 了，但就是不敢信任你，你就得浪费更多的钱去买流量。

注释：

很多时候，广告是有一部分浪费的，这就叫作沉没成本。传统广告时代，很多人都懂"我的广告费浪费了一半，但不知道是哪一半"，现在是流量时代，在各类渠道，各类隐形的数据中，被浪费的空间更多了。

打爆全国

如何确定你的创意能够打爆全国？
送你十二字测试工具：
看得见、听得清、记得住、忘不掉。

首先是"看得见"，你的广告素材，必须得在双微一抖一分众上投放，品牌起步阶段可以选择双微一抖（微博、微信、抖音），但是想要打爆全国，一定要选择电梯媒体，去影响中国的主流消费者。

其次就是"听得清"，你的广告足够简单，低头刷手机的时候，也能听得清这个广告语。

再次就是"记得住"，这条广告语说出来以后，上到 80 岁的老人，下到 5 岁的小孩子，都可以记得住。

最后就是"忘不掉"，当一条广告投放一个月甚至一年以后，消费者还能记得它吗？还能轻易地复述出广告语吗？

看得见，花钱可以做到，而听得清、记得住、忘不掉，花钱也不一定能办到。

注释：

你的创意想要打爆全国，一定要在正确的地方，喊出群众内心的呼声。广告是个被拒绝的艺术。世界已经很浮躁，所以，生活中绝大多数的广告信息都被"拒绝了""过滤掉了"。这就形成了一个困境，广告信息在不断传递，群众的内心在不断拒绝。因此，做广告，就变成了一个抢占群众内心的工作。

破圈技术

你的品牌如何破圈？

破圈理论才是当代营销的首要方法论。

一、用创意绝对化对抗媒介粉尘化

二、用价值观开放化对抗信息茧房化

三、用危机主动化对抗舆论被动化

现在流量时代真的不一样了，一个网红有时候就是一个电视台，即便你搞定了所有网红，但是只要有一个没搞定，也许就会对品牌造成灭顶之灾。

互联网的特点就是会无限地放大其负面，品牌稍有不慎就栽了跟头。西方广告的方法论，放到现在这个媒介环境中会死得很惨。

奥格威的广告用现在的眼光来看，做得太弱了，那会儿都是强势媒介，老百姓没有选择，只能看媒介三件套——

报纸、广播、电视，只要投广告就会有效。

在一个去中心化的时代，集中爆破能力强的梯媒成了仅存的中心化媒体之一，每年梯媒近 500 个广告上刊，创意绝对化、价值观开放化、危机主动化，让新品牌的成功率远高于只靠流量营销的品牌，这三化就是破圈理论的基础。所以，当古典营销定位理论在当下无效的时候，破圈理论才是当代营销的首要方法论。

注释：

现在形容一个品牌成功，往往会羡慕地说，它破圈了！破圈是价值的放大器。从一个圈子进入到另一个圈子，从一个行业影响另一个行业，被更多的人接受，进入更广泛的大众视野。

圈定用户

圈定品牌用户，有以下三个铁律需要遵守：
一、价值观系统
二、审美系统
三、定价系统

价值观系统。你的维度不能高于客户太多。太高了客户看不懂，太低了客户看不起你，让客户稍微费点劲儿才能够得到是最好的状态。

审美系统。过高的审美往往需要极高的成本。奢侈品牌的店面设计费用，是你卖 10 年零食也回不了本的。而审美往往是决定这个品牌能够走多远的核心要素，你的产品美学得和你的目标用户的审美搭上并通电。不要同一个喜欢欧式的人谈工业风，那是鸡同鸭讲。

定价系统。高、中、低每种价格的品牌都能做得很大，都能做得很好，也都是通过价格来筛选用户的。但是在消费者领域你必须做高价品牌。

注释:

品牌和客户的关系，是很微妙的，不能简单地说"客户是上帝"，那样会把客户和品牌推向对立面。品牌和客户应该是互惠者、激励者、支持者，是新型的人与人的关系，这样才能彼此高度认同。

对症下药

不同收入客户群体的三种货币：

一、高等收入"权力货币"

二、中等收入"社交货币"

三、低等收入"信用货币"

对不同收入的客户群体，售卖方法一定要对症下药。

高等收入，客户好赚不好骗，你要用"权力货币"去打动他，比如茅台。

中等收入，客户好骗又好赚，你只要用"社交货币"来打动他就可以了，比如阿那亚买房。

低等收入，客户好骗不好赚，要用"信用货币"去打动他，这些品牌经常会暗示你，它有背景。

注释:

不同收入人群，有不同的社交货币。这些社交货币经常会暗示你，离开了它，你就融不进这样的圈子了，你的生活就不香了。

灵感汹涌

怎样才能想出好的创意？

怎样保持灵感汹涌？

首先一定要保持饥饿，饿的时候头脑才会清醒。著名画家徐悲鸿就说过，只有在饿的时候你的五官才最敏锐。

其次就是穷，即使你有钱了也要把钱花掉，人越穷就越想早点儿想出创意，拿下客户，改善生活。

最后就是冷，因为想创意的时候头脑很容易发热，如果太热就会脑袋疼，一冷一哆嗦就会刺激你的肾上腺素分泌。就像好多作家吃饱了、穿暖了、不冷了，就再也写不出好的作品来了。

注释:

历史上,很多艺术家、创业者,都经历过这样的起步阶段。"生于忧患,死于安乐",生活条件足够好之后,人就会趋于保守,就缺少放手一搏的动力了。

运营创意

品牌部门在互联网大厂没有什么地位，为什么呢？

"影响"运营的创意，才是最值钱的。

光靠品牌广告实现不了增长，影响不了生意，真正有用的是运营，大厂不需要品牌广告创意，需要的是运营创意。比如，微信搞一个发红包的活动，带来了 10 倍的用户递增，这是最值钱的。这时候一张图能说清楚的事情，还有必要拍一个 15 秒的广告吗？

一个 15 秒的广告就能带来流量，还有必要去拍一个又臭又长的故事吗？只要把发红包这个事说明白就行了，接下来就是砸够媒体费，做大事不需要省钱，要的是百发百中，所以说下游的广告公司，必然没有什么价值。

记住了，"影响"运营的创意，这才是最值钱的；在任何行业影响生意的事，影响生意的人，都是最有价值的。

注释:

多年以前，很多人都觉得"创意人"身份很特殊，有点光环。其实这是源自广告行业的自我炒作。严格上来说，一个好看的包装、一张出色的海报、一条震撼的广告片，都只是"小创意"，或者说，都不算创意，这属于"广告服务"。现在广告行业落寞了，很多广告人把眼光转向了互联网企业，觉得互联网企业有钱。可是如今的互联网大厂，需要的是随时抢占流量，需要品牌广告创意吗？不太需要。

流量平台

短视频作为流量平台的四大卖点：
一、创作平台
二、消费者调研平台
三、打造自己的 IP
四、试错平台

短视频平台是一个非常好的创作平台，它是一个免费的媒介平台。你的所有想法都可以在上面得到展现，而且不用花一分钱。只要你的创意足够好就拥有了巨大的流量。

它是一个消费者调研平台，在与粉丝和网友互动的过程中，你会得到很多有用的一线资料，这个是从官方的调研报告里得不到的东西。

短视频平台可以很轻松地打造自己的 IP，当你有想法想要对公众说的时候，不需要通过很多自媒体，花费很多的费用，你完全可以用自己的 IP 去搞定。通过抖音可以充分放大自己的声音，而这一切都是免费的。

短视频是非常好的试错平台，当你的创意想法不够好，不够尖锐，你可以很快得到验证。6 个小时的播放量和评论量就足以反映出这个视频的受欢迎程度。

注释：

在短视频平台上，粉丝们分三种：一类是忠实粉，说啥都点赞；一类是杠精，说啥都喷；还有一类就是开心的吃瓜群众。

流量密码

四种人掌握了流量密码：

一、美女小姐姐

二、致富经

三、心灵鸡汤

四、底层逆袭

20 世纪八九十年代的流量密码，除了录像厅、游戏室，还有杂志。上海的《故事会》和兰州的《读者文摘》分别是小镇青年的街头生存指南，文艺男女的精神家园。

美女小姐姐。通信三年的笔友第一次约会、健美裤、文化衫、风尘女侠、红颜知己多薄命。

致富经。小学生买猴票成了万元户；插队穷山沟的知青，撕毁了美国继承巨额遗产的越洋来信。

心灵鸡汤。"既然选择远方，便只顾风雨兼程"，这是风靡全国的朦胧派诗人汪国真的诗句。

底层逆袭。纺织工人张艺谋，卖血买了相机，考上电影学院，拍了《红高粱》，得了柏林的金熊奖。

如今短视频时代，录像厅、游戏室、纸媒已成为往事，连电视的开机率都越来越低了。老百姓手中的智能手机越来越多，流量被稀释，只有满足广大老百姓需求的内容才不会翻车。

如今的美女小姐姐都集中在直播间，专业院校的毕业生搞直播，颜值情商拿捏到位，再也不求制片人，榜一大哥作为她们的避风港湾；游戏战队、淘宝店主成为新业态致富带头人，年营收上亿起步；心灵鸡汤朋友圈和公众号无限量供应，粘贴复制标榜人设；底层逆袭还得看王宝强、刘强东，从穷小子到行业天花板，这种经历总是鼓舞人。

注释：

移动互联网流量趋于稳定。老百姓总是在幻想和猎奇中寻找希望，水能载舟，亦能覆舟，流量密码要谨慎。

学会拒绝

创业者的五个拒绝：

一、拒绝圈子，减少无效社交

二、拒绝投资，远离陌生赛道

三、拒绝人情，要有霹雳手段

四、拒绝面子，为企业减负

五、拒绝碎片化，集中精力办大事

成年人的世界，要做减法，尽量减少无效社交。

在自己的主赛道上投资金钱和时间。自己看不懂的赛道不要投资。在力所能及的情况下，投资在人才上，投资在最好的设备上，生产工具决定你的生产力。很多人瞎买好几年股票基金，不仅亏损不少钱，还浪费了很多时间。

成熟的创业者，要有菩萨心肠，霹雳手段；慈不掌兵，义不掌财。

最成功的创业者，在什么环境中都能适应，企业能活下去，才是最大的面子。

现在是碎片化时代，各类杀时间的诱惑太多，如果一个创业者沉迷网络游戏、沉迷短视频，那公司离垮台就不远了。

注释：

常规印象里，创业者总是包容性特别强，有时候为了表明"我是老板，我没问题"，常常放弃自己的原则。殊不知，当很多人和事与企业发展相冲突时，如何拒绝是一门艺术。

09

借偏见

不要尊重共识，要借用偏见

消费冲动才是文明进步的基石。

导语：

共识是偏见的终局，

一旦事物到了终局，

生命就结束了。

所以要不停地在共识中寻找偏见，

偏见才是生命力。

人性弱点

人性有三大最基本的弱点：

一、任性

二、贪心

三、虚荣心

无论是创业，还是开发产品、做营销，都要基于人性的弱点去设计。

任性。我的地盘我做主，基于年轻人的有个性的价值主张，大多是任性偏执的。"找工作，我要跟老板谈""想去哪儿拍，就去哪儿拍"，这就是任性。

贪心。喜欢性价比高的产品。利用好这个人性的弱点，可以让你的品牌更多地介入大众的日常生活。

虚荣心。奢侈品的营销、汽车的营销，大多基于这一点。"高级女人用高级的""你值得拥有""从未改变世界""没人能拥有百达翡丽，只不过为下一代保管而已"这些广告都牢牢地抓住了消费者的心。

当你懂得了人性的弱点，你做生意就入门了。

注释:

人都有软肋，无论是创业，还是开发产品、做营销，都可以基于人性的弱点去设计。

消费心智

打开消费者的心智，需要三把钥匙：

第一把，叫作利益

第二把，叫作尊重

第三把，叫作习惯

利益，就是让他占便宜。

尊重，就是让他觉得自己的智力高人一等。

习惯，达到指名购买，利用羊群效应，带动从众跟风心理。

注释：

消费者对于广告很警惕，对于钱包看得更严，但是消费者的大脑不是铁板一块，是有缝隙的。我们要分清消费者的表层需求和深层次的需求，让消费者的大脑自己开启判断，这样就有机会转动钥匙了。

富婆心智

三招走进富婆心智：
一、一切都会失去
二、有钱也买不到
三、要有独立人格

告诉她一切都会失去。失去青春，失去财富，一焦虑，她们就会做出大量非理性投资。

告诉她虽然你有钱，但是有些东西你依然买不到，门槛越高她越兴奋。

告诉她要做自己，要有独立的人格，创业才是富婆最大的消费。

注释:

高端的别墅、大平层，男主人负责前期考察，但购买的决策权，往往就掌握在女主人手中。现在很多女性开始创业，她们的资本、人脉、圈子，在某种程度上也帮助了前期的业务开展。但女强人的背后，一定有男性智囊团。

男人心智

如何进入中年男人心智？

不用进入男人心智，进入也没用，因为他媳妇管钱。

"四十不惑"是个贬义词，中年男人的脑袋就是一部装满了小短片的 30GB 硬盘，小脑袋再也装不进别的东西了，相比之下，还是年轻人的脑袋空空，更好操作。

中年男人的每一个消费行为，都是在弥补童年缺陷，相比中年女人要更脆弱一些。缺爱的一辈子都在寻找爱，穷过的有囤积癖，从小家长管得严的一辈子都在寻找自由。

注释：

中年男人有业务能力，有消费实力，但是没有消费动机。他的收入几乎都留给了家庭、子女教育、赡养父母，除非打肿脸充胖子请朋友吃饭，否则很少参与大额消费。

女性心智

打开女性消费者心智的三把钥匙：

第一把：激发她的母爱

第二把：激发她的梦幻

第三把：激发她的自卑

激发她的母爱。激发女人的善良和同情心，历来都是她们主动购物的原动力。

激发她的梦幻。梦想是可以实现的，而梦幻是不能实现的。很多时候，女人会陷在梦幻里，无法自拔，反复消费。

激发她的自卑。没有一个女人是完美的，而女人恰巧都是要追求完美的生物。

注释：

女性往往在小时候迷恋芭比娃娃，喜欢玩过家家的游戏，成年后开始对婴儿用品产生好奇。成为母亲后，不惜代价为孩子买买买，选择好的学校，把对世界的爱，倾注在孩子的一生。北京环球影城，上海迪士尼，任天堂 switch 上的《宝可梦》系列，都是帮助她们圆梦的美好场景。牙齿正畸，抖音美颜，都能让如今的女性显得更完美。

土豪心智

<u>土豪的心智好进入吗?</u>
<u>土豪心智一点都不好进入,想让土豪花钱没那么</u>
<u>容易。</u>
<u>土豪有三个软肋: 土豪太仗义; 土豪受不了温柔;</u>
<u>土豪胆子大,容易冲动。</u>

土豪只是爱好比较单一,比如喜欢连号的车牌,喜欢大型动物,他花钱确实是个憨憨,可他却不傻。

是人就有软肋,啥是心智? 心智就是软肋。

土豪的三个软肋:

土豪太仗义,喜欢帮助别人,看不了别人受苦,因为自己小时候也是受苦过来的。经常拉兄弟一把,把自己搭进去了。

土豪受不了温柔。小时候条件差,长得也不行,女孩子都不待见他。等他有了经济实力，只要有女生对他好，他就找不着北。

土豪感性，所以胆子大，容易冲动。创业投资，全凭感觉。一撒手，钱就没了。什么餐厅啊，民宿啊，洗脚城啊，到处都是他们投资失败的身影。

注释:

土豪虽然文化没那么高，可是智商不低，要不然在残酷竞争的各个行业里生存不下来。土豪很少投资科技和新兴领域，因为他们没有这类圈子，他们也不懂。

宝妈心智

走进了宝妈心智，你就拿下了这个时代最优质的流量入口。

一、宝妈一个人花三份钱

二、购买才是治愈宝妈焦虑最好的良药

三、走进一个宝妈的心智，等于走进一群宝妈的心智

宝妈拥有三个战略制高点，她的一举一动影响了孩子的未来、丈夫的收入以及全家的脸色。所以一个人花三份钱，为孩子买，为自己买，为老公买，是符合家庭长期战略意义的。

购买才是治愈焦虑最好的良药。宝妈多焦虑呀，孩子吃多了怕胖，吃少了怕不长个儿，责任越大买得越多，定期购买就相当于定期抓药，长期不抓药就容易犯病。

宝妈的微信群，本质就是好物分享群。走进了一个宝妈的心智，也就走进了一群宝妈的心智，所以要对宝妈好一点，她们会赐给你财务自由。

注释：

除了微信群，宝妈的小红书也很值得参考。宝妈决定了买房，决定了孩子的课外特长培训，决定了男人的零花钱，决定了整个家庭的时间表。所有的妈妈，都会尽力为儿女提供好的生活环境，在物质和学习上满足孩子的需求。

宅女心智

走进宅女心智需要六个一：

一、一杯加代糖的奶茶

二、一本虐心小说

三、一部爱情电视剧

四、一堆收不完的快递

五、一个快餐型的游戏

六、一次特别的漫展

一杯加代糖的奶茶。以前是蔗糖的，现在流行零糖，生产代糖的厂赚翻了。

一本虐心小说。养活了好多网络作家。

一部爱情电视剧。下沉宅女看国产剧，一线宅女看欧美剧。

一堆收不完的快递。当她们拆快递的时候，就能看出她们有多疯狂了。

一个快餐型的游戏。战略游戏和恋爱游戏都可以，宅女在家里总会很疯狂。

一次特别的漫展。宅女其实喜欢热闹，趁年轻去漫展Cosplay，年老了再跳广场舞。

注释:

宅女的花钱风格起伏不定。但是宅女有一个共同的特点：她们可以不化妆，无论颜值高低，都很注重护肤品的需求。宅女不是一类人群，只是一个阶段，她们一旦工作忙起来，或者走入恋爱家庭，就与宅女生活无关了。

宅男心智

如何进入宅男心智？
一、洛丽塔
二、最新的智能硬件
三、游戏

宅男的知识一般都很渊博，不要跟宅男讲道理，他会在知识上碾轧你。

宅的原因是他们的逻辑、世界观已经形成了闭环。

而外卖让他们形成了生活闭环，换个说法，他们是北京东五环的陶渊明，上海松江的诸葛亮，想要打开他们的心智，需要三件法器：

洛丽塔。宅男普遍缺乏母爱，但是父爱泛滥，洛丽塔完美地满足了他们的幻想。

最新的智能硬件。你进入一个宅男的家庭，最新款的智能硬件已经摆上了桌子。因为花父母的钱没那么心疼。

游戏。国产游戏的收费体系，是这些年游戏界最大的

创新。

注释：

宅男的存在，是因为太自信，总觉得自己是行星之间的老

大，普通的街道容不下他，形成了自己的固定方法论。宅

男其实很容易被各种电子产品收割，容易沉溺于游戏世界。

宅男喜欢好为人师，所以容易得罪朋友，所以越来越宅。

贩卖遗憾

人的一生中都在不断失去。

为什么把遗憾卖给消费者，这招好用？

是因为人的一生中都在不断失去。

在你的成长过程中，你就在失去童年、失去青春、失去初恋，人的一生就是充满了遗憾。

遗憾造成焦虑，焦虑促进购买，比如这款包包只有这一个了，这辆车就剩一台了，这房子是最后一套了。

贩卖遗憾，这招一定管用。

注释:

"只剩最后一个"是营销上一个常用的手法，它就是把遗憾变成了稀缺。当超市只有城市里的最后一瓶后悔药了，估计消费者会打起来。

爱占便宜

占便宜有两种：
一、让用户口袋占便宜
二、让用户心理占便宜

占领心智是一个伪命题，其实用户的心智你占领不了，就像谈恋爱，两个人爱得死去活来，遇到了更好的对象，物竞天择，最后不还得分手，要不然安卓机怎么能够抢走苹果这么大的份额呢，只要知道用户爱占便宜就行。

当你买得起爱马仕的时候，你绝对不会去买路易·威登，预算足了是消费，预算不足是智商税，想明白这个道理的人都已经实现财富自由了。

注释:

工资一万多的白领，节衣缩食买个名牌包，但是在成功人士眼里，它真的只是一个装东西的普通袋子。但这类人群总量有限，奢侈品最广泛的市场，还是卖给了预算不足的工薪阶层。

消费冲动

我们为什么会消费冲动？
预算足了就很容易冲动。

消费升级，就是把你的消费冲动提上日程。

100 元的某日本品牌吹风机不是用着挺好的吗，为什么还要用 3000 元的戴森呢？因为戴森用设计美学唤醒了你的消费冲动。

10 万元的车不也能开吗，为什么还要贷款去买奔驰、宝马、奥迪？因为这些汽车品牌用社交障碍唤醒了你的冲动。

地球上待着不好吗，为什么还要去火星？大火箭就比大宝剑香吗？

关于未来就唤醒了马斯克的冲动。

人若失去了冲动和咸鱼有什么分别？

消费冲动才是文明进步的基石。

我们的冲动不是太多了，而是太少了。

注释：

老婆要换更大的房子，男人就会更加努力；老公喜欢在家邀请朋友聚会，老婆就会逼着自己成为"精致妈妈"，她不能被别的女人比下去。家庭消费于是升级，要买更大的餐桌、更好的沙发、更精美的餐具……自己在欢呼声中弹个钢琴，或者要读国际学校的孩子背英语诗篇，都是默默聘请了名师的努力。

男人听话

男人的一生都不会听话。

一个小男孩不听话，就给他一个玩具。

一个少年不听话，就给他一个女孩。

一个成年男人不听话，就给他一个家庭。

如果一个家庭还管不住这个男人，就给他一个理想主义。

注释：

上帝制造女人，女人诞生男人，男人折腾世界，最后还是要靠女人收拾烂摊子。

叫卖管用

记住，叫卖是永远管用的。

以前很多电视购物里面说：现在下单订购就能节省 198 元。

现在的直播间说：3、2、1，上链接；偶买噶，买它！

这种叫卖式广告永远是有用的，因为有一部分用户是主动型人格，还有绝大部分用户是被动型人格，对被动型人格，你要求他、命令他，他就在半推半就之间完成了购买。

注释：

叫卖是人类最早的营销方法，后来才诞生了视觉广告。人们可以拒绝看，却很难拒绝听，所以在传播和创意上，科学发挥"听觉"的作用，其实是做广告的一个奥秘。

喜新厌旧

为什么都喜欢新车子、新房子、新女友？
因为人类的本质是喜新厌旧，而商业文明的本质
是推陈出新。

如果一个创业人天天在夸耀自己十年前研发的产品，那
么这十年来他肯定没有什么进步，或者他所研发的新产
品肯定软弱无力，服务不了主流客户，慢慢地，只能去
做下沉市场。

这也是一个失去创业能力的广告公司的最后归宿。

注释：

很多"江湖前辈"，往日的高大上平台消失了，他们离开
了平台，也就失去了平台赋予的价值。人生总有起伏，但

是总沉醉在往日的光环中，会对现在的市场缺少行动的魄力。其实他们的经验是一笔财富，他们完全可以在新的赛道重新起步。

10

借视角

不要谦卑仰视，要借用神之俯视

把一件事情做好的办法，就是不要崇拜。

导语：

你越仰视一个行业，

越容易被这个行业拿捏。

你越俯视一个行业，

越容易拿捏这个行业。

三流生意

最笨的人才做一年赚一次的生意。

一流的生意是每天都赚钱，就像水、电、煤气。

二流的生意每个月都赚钱，就像每个月的电话费。

三流的生意，是以年为周期去赚钱。

最聪明的人都去做天天赚钱的生意，最笨的人才做一年赚一次的生意，就像广告人。

然而在这个笨人很多的行业里边，你只要稍微聪明一点，很快就能跳出来了。

注释:

哪怕是大牌导演，顺利的话，平均两三年才有一部电影。一部电影的背后，是创作、制作、发行、营销，一整个产业链。所以，近年来，A股市场，已经很久没有影视公司上市的消息了。电影这个行业变数太大，风险完全不可控，今年你是超级大公司，可能明年你的几个电影票房惨淡，就市值大跌了。所以，专业的投行，基本上不涉足电影。前几年，中国的首富是卖矿泉水的。

广告白痴

人的记忆系统有两套：
一套是主动记忆系统，另一套是被动记忆系统。

主动记忆系统。当你喜欢一个人的时候，你的记忆会变得非常好，比如你父母的电话号码；当你追求一个女孩子的时候，她的所有细节你都记得住，你甚至记得住她身上有多少颗痣。当你在运用主动记忆系统的时候，你的智商会达到 160。

被动记忆系统。当你看到广告的时候，你启动的就是被动记忆系统，你的智商只有 60，这就是为什么很多广告看起来像白痴的原因。

注释：

广告都是被动记忆，所以广告不能深奥，它必须以很浅显的方式，和消费者的潜意识对话。

克服自卑

财富自由能克服自卑吗？

据我观察，不能。

你总会碰到比你强大很多的人，"财富自由"能让你骄傲，但持续不到一秒。

真正克服自卑的方法只有三种：

第一，跳出游戏规则，身在三界外，不在五行中。

第二，度人度己，多做点好事，认可越多，获得的"瓶颈"越多。

第三，重新回到梦开始的地方，重新出发，创造新的成就，就这样无限循环。

注释：

一山还有一山高，宇宙的尽头是铁岭，在成功的时候，放松一下自己，以空杯心态看待世界。

不去讨好

不要去讨好消费者。

当你试图讨好消费者的时候，你在他眼里就会一文不值。

你把消费者当女神，女神就会把你当舔狗。

品牌一定要比消费者高那么一点，当你高不了的时候，你就要采取饥饿营销，制造出一种让他得不到的痛苦。

人就是这样的消费心理，越得不到，就越珍惜，你在他心中的地位就会越高。

注释：

品牌和消费者是一种微妙的博弈游戏，讨好意味着放弃。

不要崇拜

把一件事情做好的办法就是不要崇拜。

当你崇拜一个女神的时候，你就永远追不到她。

当你崇拜一个品牌的时候，你肯定会被它拿捏。

当你崇拜一个行业的时候，你就会被整个行业割韭菜。

只要你不崇拜他，你的心态就平和了，祛魅了。

注释：

崇拜是失败的开始。如果一个球员在场上遇到对方的巨星，抱着崇拜的心态，那肯定踢不过。既然在一个平台，那就要刺刀见红，发挥最好的自己。同样，遇到著名的导师或者专家的时候（看病除外），你的崇拜，也会被这些导师和专家无视。把自己做好了，人家才会尊重你，而不是靠低姿态的崇拜。

砍价征兆

老板要砍价的征兆：

如果老板上来就跟你谈情怀、谈抱负、谈理想主义，你就做好要砍八折的准备。

如果老板接下来要谈奋斗史，讲到动情处眼角泛着泪花，那么他的底线就是五折。

如果你的老板拍着你的肩膀说，兄弟，你入股吧，那他就是一分钱也不想出。

注释：

创业阶段，最想认识的人就是老板。老板里面什么人都有，一见面就真金白银和你合作的，几乎不可能。我们要做的是分析自己的强项，做好自己的融资需求，管理好自己的合作预期。一句话，让你感觉不舒服的老板，就不合作。

六个视角

从六个视角来判断你的事业有没有价值：

一、上帝视角

二、社会视角

三、经济视角

四、文化视角

五、老板视角

六、用户视角

上帝视角。你做的事是不是历史的炮灰？越是炮灰，越安全。

社会视角。你做的事是不是取代了某个行业？转行的越多，说明你的创新越大。

经济视角。利润越高，说明你的商业模式越先进。

文化视角。文化人越骂你，你的学术价值就越大。

老板视角。你越没有安全感，这份事业才越有乐趣。

用户视角。我讨厌你，但是我离不开你。

注释：

很多人走着走着，就忘了自己的初心，怀疑自己的事业价值。想想在广袤的森林里，在浩瀚的大洋上，在无尽的太空里，一个能力很强的人，如果失去路径的判断，是多么可怕的事。

三件武器

创业中男人最好用的三件武器，99% 的男人
都有：
第一件武器是贫穷
第二件是自卑
第三件就是丑陋

贫穷意味着你没有什么东西可以失去，每往前走一步都
是赚的。
只有自卑才能看清楚每一个高高在上的人的面孔，才能
真切体会到人间冷暖。
只有丑陋的男人才没有偶像包袱，早恋真的很耽误事。

注释:

创业中的男人，拥有最低的起点，因此他往上走的每一步，都是成功的路。成功之前，路上带的东西越多，包袱就越重。

三重境界

人活着有三重境界：

被人羡慕

被人喜爱

被人尊敬

最低的境界就是被人羡慕，这很容易做到，只要有钱就可以了。接着是被人喜爱，某位富二代，出道不就是想要从被人羡慕变成被人喜爱吗？但是呢，从被人羡慕到被人喜爱，中间有一堵巨大的墙，这道墙叫作才华。最高的境界，是被人尊敬。

注释：

一般人都到不了最低境界，这证明了我们的创业难度。如果你是一个有趣的好人，财富不多，一样可以做到被人喜爱，受人尊敬。

四块屏幕

人生就像四块屏幕：

小时候你觉得自己像一部电影。

大学毕业了，发现自己演的是一部又臭又长的电视剧。

中年的时候，你会觉得自己像电梯广告。

退休了，你就像手机短视频，"唰"就过去了。

小时候你觉得自己像一部电影，你将呈现殿堂级的表演，自己的一举一动都会让观众们仰望。

大学毕业了，发现自己演的是一部又臭又长的电视剧，你演你的，他看他的。

中年的时候，你会觉得自己像电梯广告，你想大声呐喊，却被物业关掉了声音，你的理想听起来像是抱怨。

退休了，你就像手机短视频，你的一生在别人的手里只有一秒，"唰"就过去了。

注释:

人生像一场没有目标的旅程。很难描绘出人生路线图,再多的设想也赶不上变化。时间会给你残酷的答案。为什么有的人不如你,却混得比你好?为什么傻子也能遇到机会?在抱怨之前,把自己的每块屏幕认真地看清楚。

三个贵人

每个创业者生命里都有三个贵人：
第一个贵人叫作偶像
第二个贵人叫作伯乐
第三个贵人叫作债主

偶像。雷总看到乔布斯的硅谷之火后整宿不睡觉，最后成就了"雷布斯"。我的贵人第一步就选错了，选了凡·高。

伯乐。他能找到你被自己忽略的优点。我刚来北京的时候，就想找一份每月收入 3000 元的工作，伯乐让我去做导演，说我有做导演的天赋，结果真的改变了我的命运。

债主。欠得越多，成就越大，能力释放得越强，先欠他几个亿的小目标。这方面我就是不太行，所以目光短浅，只能干点现金流正向的小生意。

注释：

在生活中，创业者的三个贵人：生命来自父母；情感来自
另一半；理想寄托在下一代。

人才心经

人才的区别：

上等人才，先知先觉，审时度势，借力打力。

中等人才，自知自觉，自己失败，自己爬起。

下等蠢材，不知不觉，送货上门，油盐不进。

注释：

任何年代都不缺人，但是缺人才。即使竞争激烈的行业，人才高度饱和，但依然是增强产品力、增强传播力的重要基石。投资就是投人，看人是投资者最重要的事。

要感谢的人

一生中最应该感谢的 7 个人：

借钱不还的人，他教会你有了难处，可以放下尊严。

永远迟到的人，他教会你不要太自恋，你认为重要的事其实根本不重要。

背后说你坏话的人，他教会你不要去讨好所有人，因为总会有人对你不满意。

横刀夺爱的人，他教会你如何面对失去，因为所有爱都可以失去，而且终将失去。

嘲笑你的人，他教会你要脸皮厚，因为这是你一生都要修炼的功课。

爱占小便宜的人，他教会你评估实践的价值，小人占小便宜，大人占大便宜。

经常点赞夸奖你的人，这种人善于表达鼓励和感谢。

注释：

创业的路上，会遇到形形色色的人，要感谢给你人生第一笔生意的人，要感谢让你第一次感到屈辱的人，要感谢危难时刻在你身边的人，要感谢第一个成为你员工的人，要感谢第一个爱你的人……

——END——

全文完